「分とく山」の
永久保存レシピ

野崎洋光

# 春夏秋冬の献立帳

# 料理は、食べる〝くすり〟。季節の食材で料理を作り、食べることが、いちばんの健康法です。

私がいま、日本人に大切なことは、「ご家庭で料理を作って食べる」ということだと思っています。以前から家庭料理の大切さ、家庭料理にしかできないおいしさについてお伝えしてきましたが、それが心と体の健康に、そして長寿につながると思っています。

「でも、料理って難しいでしょ」とおっしゃるかたには、「まずは、作ってみてください」と申し上げています。私のご紹介するのは、小学生からお年寄りまで、誰もが普通に作れる料理です。特別な食材や調味料もほとんど使いません。家庭料理と料理店の料理は、別ものです。毎日のことですから、

豪華でなくても、栄養バランスがよく、脂肪過多にならず、気候や体調にも合った食事をすることが大切です。いろいろな場面をイメージしながら、この本では49の献立を考えました。

家庭料理の基本には、米と味噌汁、そしてその時季の食材があります。旬の食材には、その時季に人間が欲する味や香り、栄養成分が詰まっています。おいしいだけでなく、自然と食べすすめられるようになっている、素晴らしい自然の摂理です。

そしてこの本を作るにあたって、とくに大切にしたのは、この50年あまりで日本人が抱えた大きな問題の解決に、少しでもお役に立ちたいという思いです。日本人にとって、食の基本であり、何よりも大事な食べ物は「米」。しかし多様な国の食文化が根づくにつれ、日本人は次第に〝米の食べ方〟を忘れてしまいました。さらに、糖質制限の食事が注目され、米が〝悪者〟になっている気もします。でも本当に問題なのは、米ではありません。何と合わせるのか、どう食べるべきなのか、です。米は生きるためのエネルギー源。酸性の食材ですから、同じ酸性の肉と合わせては、バランスがくずれて体に悪い。でも、アルカリ性の野菜や大豆製品と一緒に食べれば、バランスがとれるわけです。先人はこうやって、健康を維持してきたのです。

いま改めて、日本の食とは何だったのだろうかと考え、見つめ直し、いまの時代にふさわしい献立をお伝えしたのがこの本です。ぜひ活用していただき、みなさまの食卓が豊かになり、長く健康でいられることを願っています。

野﨑洋光

「分とく山」の永久保存レシピ

# 春夏秋冬の献立帳

野﨑洋光

## 目次

## 献立を豊かにする春の料理

第二章

# 夏の献立



## 献立を豊かにする 夏の料理

### ■主菜



### ■副菜



### ■麺と汁もの

# 第三章 秋の献立

# 献立を豊かにする秋の料理



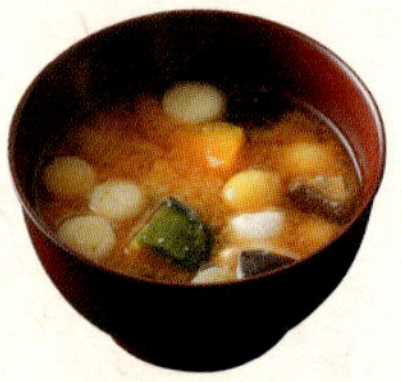

# 第四章 冬の献立

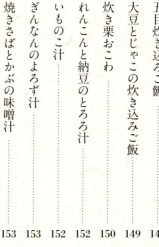

# 献立を豊かにする冬の料理

いまの時代にふさわしい

# 献立の基本

「献立を立てるのは難しい」「献立が立てられない」そんな声をよく聞きます。また現実的に「仕事から帰って、きちんと献立をととのえるのは大変」「時間が足りない！」という悩みも多くあるようです。

この本では49献立をご紹介し、それぞれに立て方の意図をお伝えしています。ここでは、そのいちばん根本にある考え方をお教えしましょう。気軽に、そして毎日の食卓が無理なく続けられますように。

## 〜毎日の料理作りに困っているみなさまへ〜

毎日きちんと、レシピ通りに料理を作らなくてはいけない、と思っていませんか？

料理は楽しんで作るものですし、楽しいから続くのです。献立全部を作るのが大変なら、1品は作りおきできる料理を入れましょう。材料がなければ、冷蔵庫にあるもので代用しても大丈夫。魚の三枚おろしも、鮮魚売り場でお願いできる時代です。

またこの本では、作りおきできる料理が分かるようになっています。常備菜も載っています。活用していただけたら、ぐっと気楽に食事がととのえられるでしょう。

STEP 1

## 主食のご飯を決めると、汁ものが決まる

まずはじめに、白いご飯（または雑穀ご飯）にするか、味のついたご飯――炊き込みご飯や丼もの、おすしなど――にするかを決めましょう。汁ものは、白いご飯なら味噌汁、味のついたご飯なら吸いものにするのが基本です。汁の具は、全体のバランスによって、具だくさんにしてもシンプルにしてもかまいません。

STEP 2

## 主菜（おかず）を決める

白いご飯なら、メインのおかずに魚または肉を据えて、動物性たんぱく質を補います。旬の魚介が安かったから、今日はお肉の気分……ということでよいでしょう。そんなに難しく考えなくても大丈夫です。味のついたご飯のときは、具を炊き込んだりのせたりと、主菜的な存在になることが多いので、玉子焼きなど魚や肉以外の動物性たんぱく質を組み合わせたり、あさり入りのおからなど、副菜的な料理を組み合わせてもかまいません。

STEP 3

## 副菜を決める

副菜には、野菜や豆、大豆製品をメインに使った料理を据えるのが基本です。栄養的にご飯は炭水化物、主菜は動物性たんぱく質、汁ものは海藻や大豆、野菜、動物性たんぱく質などさまざま。献立全体の栄養バランスをとるためにも、副菜に使う食材で他の料理にはないビタミンやミネラル、食物繊維などをとるようにします。

# 春夏秋冬の献立で、立て方の確認

## 春

### 《春の基本の献立》

ふきとしらすの炊き込みご飯
はまぐりの潮汁
鯛の木の芽焼き
豚肉の沢煮

**STEP 1** 主食は、春らしい〝苦み〟を持つふきを生かした炊き込みご飯。ご飯にもしらすにも塩味がついているので、汁ものは吸いものに。水ぬるむ頃においしくなる旬のはまぐりを潮汁にして、おいしさを堪能します。

**STEP 2** 主食が炊き込みご飯の場合、具によっては、それ自体が主菜（メイン）になることもありますが、ここではふきとしらすなので、主菜にするには少し弱い。そこで、白いご飯のときと同じように魚を主菜に。桜鯛と呼ばれる春の鯛を、炊き込みご飯とも合うよう、強い味つけではなく、シンプルに焼きます。

**STEP 3** 細切りにしたたっぷりの根菜に、豚肉でコクを補った沢煮。うどを仕上げに加えてさっと加熱して、春らしい苦みを生かします。通常は汁ものにするこの料理ですが、煮浸し風にして、作りおきできるようにしています。

---

## 夏

### 《夏の基本の献立》

冷しゃぶ麺
あさりおから
きゅうりの酢のもの

**STEP 1** 夏は、口の中にとどまる時間が短い口離れのよい料理が好まれるので、そうめんはぴったりの主食。しゃぶしゃぶにした豚肉をのせて、一緒に動物性たんぱく質もとります。ここでは、体にいい練りごまと豆乳を合わせたたれをつけていただきます。たれが汁代わりのようなものですから、汁ものは添えません。

**STEP 2** この料理では、豚肉をたっぷりとのせた主食のそうめんがおかずを兼ねているので、魚や肉などのメインのおかずはとくに組み合わせていません。

**STEP 3** 主菜を省いたぶん、副菜を2品にしてバランスをとります。冷しゃぶ麺では野菜や食物繊維が不足するので、あさりおからのおからで植物性たんぱく質と食物繊維を、あさりで亜鉛などのミネラルをとり、根菜もたっぷり入っているので栄養ばつぐん。体の熱をとるというきゅうりを、口の中がさっぱりする酢のものでいただきます。

# 秋

## 《秋の基本の献立》

ご飯
南京汁
さんま塩焼き
牛しぐれ煮

**STEP 1** 新米の時季ですから、ここでは何といっても主食は白いご飯。この献立の主役でもあります。白いご飯には、味噌汁がつきもの。献立全体を見て、野菜がないので、味噌汁の具には根菜をたっぷり使って、具だくさんにします。

**STEP 2** 新米と出合いものの秋を代表する魚・さんまを塩焼きに。ふっくら焼き上がったさんまのシンプルな旨みと内臓の苦みが、甘みの豊かな白いご飯とよく合って、食がすすみます。

**STEP 3** この献立では、白いご飯が主役ですから、ご飯がすすむことを主眼に副菜を組み合わせます。ここでは、作りおきできる佃煮感覚の牛しぐれ煮を。お弁当にも向くので、食べ盛りのお子さんがいるかたにもぴったりです。

---

# 冬

## 《冬の基本の献立》

ご飯
いわしのつみれとろみ汁
鶏ねぎ焼き
かぶと油揚げの煮浸し

**STEP 1** この献立では、体の芯から温まる汁ものを作るのに少し手をかけたいので、主食は白いご飯に。汁は味噌汁ではありませんが、つみれに混ぜた味噌の風味がじわりと汁に移るので、ほぼ味噌汁と同じと考えます。

**STEP 2** ときには、白いご飯のおかずに肉料理を。これは簡単なのにパリパリに焼けて、おいしい焼き鶏ですが、それだけでは酒の肴にはなってもご飯はあまりすすみません。そこで、味噌だれを塗ってわけぎをのせて仕上げ、ご飯にも合うように仕立てています。

**STEP 3** 濃厚な肉料理を食べたときの味の強弱をつけるため、副菜はたっぷりの野菜と油揚げで上品に炊き上げた〝淡味〟の料理を。味のメリハリが出て、口の中もさっぱりし、食べすすめられます。

ふっくらつやつや

# ご飯の炊き方の基本

和食献立では、基本の主食はご飯。ご飯がおいしいと、それだけで満足感が高まります。おいしいご飯とは、ふっくらとして、米の1粒1粒が立ち、ほどよい食感が残り、食べると口いっぱいに甘みが広がる状態。大切なのは、銘柄米や高価な米を使うことではありません。お米が炊ける仕組みを知り、正しい炊き方をすることです。

〝正しい炊き方〟というと難しく思えますが、実はとても簡単。必ず守りたいのは「浸水させる」「水気をきる」「新しい水で炊く」。この3つです。これなら、みなさまもできるでしょう。

ここでは、炊飯器と土鍋、ふた通りの方法をご紹介します。本書のレシピの多くは、炊飯器で炊く方法ですが、土鍋で炊いていただいてもかまいません。火加減や加熱時間は、ここでご紹介したものと同じです。一方、土鍋で炊くレシピも炊飯器でおいしく炊けますので、この基本をよく頭に入れてください。

## 炊飯器・土鍋に共通の下ごしらえ

### ❶ 米を洗う

ボウルに米と水適量を入れ、やさしく混ぜながら洗う。水を捨て、再び水を入れて洗う。水が透明になるまで、3～4回くり返す。

▶▶▶現在の米は精米状態がよいので、ギュッギュッと力を入れて〝とぐ〟必要はありません。とぐと表面が割れて、くずれやすくなります。

### ❷ 浸水させる

❶の水気をきり、たっぷりの水を入れてそのまま15分浸水させる。

▶▶▶米は〝乾物〟ですから、炊く前に中までしっかりと水を含ませておくことが大切。かといって、浸け時間が長すぎると表面が溶けてくるので注意。

### ❸ 水気をきる

❷をざるに上げ、15分おいて水気をきりながら、米の表面についた水分をしっかり中まで吸わせる。

▶▶▶ざるに上げている15分も、吸水時間と考えましょう。

### 野崎さんおすすめ 時短のコツ

**前日の夜か当日の朝、時間があるときに❶～❸まで行って、食品用保存袋やビニール袋に入れ、冷蔵庫に入れておきましょう。あらかじめこの作業をしておけば、家に帰ってから炊飯器にかけるだけ。早炊きモードで炊くから、30分後には炊きたてご飯が食べられます。**

＊献立の「段取りスケジュール」で「あらかじめできる」というのは、この作業のことです。

## 土鍋で

### ❹ ふたをして強火にかける

❸の米を土鍋に入れ、新しい水を入れ、ふたをする。アルミ箔をかませ、強火にかける。

▶▶▶水加減は炊飯器のときと同じ、元の米と同容量です。アルミ箔をかませることで、吹きこぼれを防ぐことができます。

### ❺ 沸騰したら混ぜて中火で7分

7分ほど火にかけ、沸騰したらいったんふたを開け、菜箸などで全体をさっと混ぜる。ふたをして中火にし、7分ほど沸いた状態を保ちながら炊く。

▶▶▶最初に7分かけて沸騰させることが大事。普通の鍋で炊くときは鍋底が薄くすぐに沸騰するので、最初から中火にしてゆっくり温度を上げます。

### ❻ 弱火で7分、ごく弱火で5分

弱火にして7分、さらにごく弱火にして5分炊く。

### ❼ 5分蒸らす

火を止めて、5分蒸らす。ふたを開け、しゃもじで上下を返しながらさっくりと混ぜ、ほぐす。

▶▶▶作り方❹〜❼を時系列で見ると「7分強火、7分中火、7分弱火、5分ごく弱火、5分蒸らし」です。これを私は「7・7・7・5・5（スリーセブンゴーゴー）」と呼んでいます。これなら、覚えられますよね。

### すぐに食べないときは

かたく絞ったぬれ布巾をかけて、ふたをずらして蒸気を逃がし、水っぽくならないようにします。ぬれ布巾をかぶせないと、水滴がご飯に落ちてしまいます。

## 炊飯器で

### ❹ 早炊きモードで炊く

❸の米を炊飯器の内釜に入れ、新しい水を入れ、早炊きモードで炊く。

▶▶▶水の量は、元の米と同じ容量です。つまり、2合（360㎖）の米なら、水も2合（360㎖）となります。炊飯器の普通モードには、浸水時間がプログラミングされています。ここでは米は浸水ずみなので、早炊きモードで。普通モードで炊くと水っぽくなります。

### ❺ 蒸らす

炊き上がったら電源を抜いて5分蒸らし、しゃもじで上下を返しながらさっくり混ぜて、ほぐす。

▶▶▶蒸らすことで蒸気がシャワーのようにご飯に降り注ぎ、ふっくら仕上がります。

### すぐに食べないときは

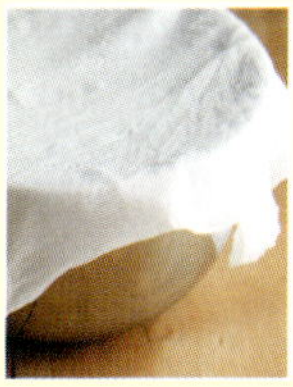

炊飯器に入れっぱなしにしたり、保温にするのはやめましょう。余熱が入り続けて、ご飯が水っぽくなります。そこで、すぐに食べないときは内釜を取り出してかたく絞ったぬれ布巾をかけて、適度に蒸気を逃がしながら乾かないようにします。冷めたら、電子レンジで温め直せばあつあつが食べられます。

驚くほど簡単！　たった1分でとれる

# だし汁のとり方

「だし汁をとるのが面倒」と思っているかた、いませんか？　私のとり方ならとても簡単です。基本となる「かつおと昆布のだし汁」の一番だしは、たった1分でとれます。しかもポットのお湯でかまいません。これなら「私にもできる！」と思えませんか？　さらに二番だしをとって、そのあとはだし素材を常備菜に変身させて食べきってしまいます。このように3回楽しめるので、昆布はだしのよく出るよいものを選んでください。

　料理によっては「煮干しのだし汁」を使うこともあります。一番だしは水出し

## かつおと昆布のだし汁

### 一番だし

**材料（とりやすい分量）**

熱湯（ポットの湯でよい）……500㎖

昆布（5×5㎝角）……1枚

削り節……5g

1 ボウルに熱湯を入れ、昆布と削り節を入れる。

▶▶▶冷たいボウルに熱湯を入れると、自然とだしをとるのに最適な80℃になります。80℃の湯を用意する必要はありません。

2 そのまま1分おく。

▶▶▶削り節が湯の真ん中をゆらゆらゆらぐ状態だと、だいたい80℃。えぐみが出ないので、すっきりしただしがとれます。

3 ざるにペーパータオルを敷き、2をこす。

### 二番だし

**材料（とりやすい分量）**

熱湯（ポットの湯でよい）……250㎖

一番だしのだしがら……全量

1 「一番だし」のボウルにすべての材料を入れ、5分おく（下写真右）。

2 ざるにペーパータオルを敷いて、1をこす。

だしがらを活用して

### 青菜のポン酢和え

**材料（作りやすい分量）**

二番だしのだしがら（削り節と昆布）……全量

ポン酢醤油……100㎖

青菜（お好みのもの）……適量

1 だしがらの削り節を刻み、昆布は細切りにし、ポン酢醤油に浸ける（保存瓶に入れて、冷蔵庫に常備しておくと便利）。

2 青菜をゆでて水にとり、水気を絞って食べやすい大きさに切る。

3 1適量と2を和える。

でとるので、朝出かける前に水に浸して冷蔵庫に入れておけば、家に帰ったときには自然とだし汁がとれています。これも、どなたにも簡単にできるでしょう。

私のだし汁の特徴は、すっきりと上品で、強すぎないこと。いまの時代は、旨みに旨みを重ねる傾向にありますが、強すぎる旨みは飽きてしまいます。毎日食べる家庭料理ならなおさらそう。だし汁と素材から出る旨み（だし）とが合わさったときに、ちょうど100%の旨みになることが大事です。ですから、一見淡いかな？と思っても、料理に使うとちょうどよくなります。

よく質問されるのが「一番だしと二番だしの使い分けはありますか？」ということ。使い分けは、ありません。私のだし汁は濃厚でないので、それほど違いはありません。こだわらず使ってください。「こうでなくてはならない」ということはありません。家庭料理は楽しむことが大切なんですから。

なお、「だし」とはあらゆる素材の持つ旨みのこと。ですから本書のレシピでは区別して、かつおと昆布でとっただしを「だし汁」、煮干しでとっただしを「煮干しのだし汁」として表記しています。

## 煮干しのだし汁

### 一番だし

**材料（とりやすい分量）**

水 …… 500mℓ
煮干し …… 10本

1 煮干しは頭と内臓を取り、縦半分に裂く。

▶▶▶半分に裂くことでだしが出やすくなります。昔は脂が焼けたような煮干しがあったので内臓を取りましたが、鮮度がよければ、一緒に浸けてもよいでしょう。

2 ボウルに水と1を入れ、3時間以上浸し、こす。

▶▶▶3時間以上おくときは、冷蔵庫に入れておきましょう。前日の夜や当日の朝に浸けておくと楽ですよ。

### 二番だし

**材料（とりやすい分量）**

水 …… 500mℓ
一番だしのだしがら …… 全量
昆布（5×5cm角）…… 1枚

1 鍋にすべての材料を入れて弱火にかけ、煮立ってきたらアクをすくい取り、火を止める。

2 ざるにペーパータオルを敷き、1をこす。

だしがらを活用して

### 煮干しと長ねぎ、しいたけの炒り煮

**材料（作りやすい分量）**

二番だしのだしがら（煮干しと昆布）…… 全量
長ねぎ …… ½本
しいたけ …… 2個
醤油 …… 小さじ1
サラダ油 …… 適量

1 だしがらの昆布は細切りにする。長ねぎは厚めの斜め切りに、しいたけは軸を取って厚めに切る。

2 フライパンにサラダ油を熱し、煮干しと1を入れて炒め、長ねぎに焼き色がついたら醤油をたらし、炒め合わせる。

# この本の使い方

みなさまが料理を作りやすく、そして野崎さんの考え方がより伝わりやすくなるよう、各ページにはさまざまなことを記しています。どうぞ活用して、日々ご家庭で料理を作って楽しんでください。

献立のテーマと料理名です。

作り方の解説です。とくに大切なポイントには黄色いマーカーを引いていますので、ぜひ守ってください。上手に作れるようになります。

## 混ぜご飯が主役の3品献立

貝柱と三つ葉の混ぜご飯／もずく汁／クレソンのごま和え

あまり手をかけられない日も、この献立なら栄養も味もバランスよし。

主役の混ぜご飯は、炊きたての白いご飯に、旨み豊かな干し貝柱をたっぷり混ぜ、三つ葉で春の香りを漂わせます。貝柱は干すことで味が凝縮され、かつおだしや昆布だしの倍以上の旨みになります。そのため、干し貝柱の濃厚でおいしい戻し汁は、もずく汁に活用。新ものが出回る春のもずくと、まだ柔らかいにらを戻し汁で温めて、味つけするだけで作れる簡単汁ものにします。

混ぜご飯を引き立てるため、副菜はシンプルに、せりの仲間のクレソンをごま和えにします。シンプルなだけに調理の仕方次第でおいしさが大きく変わります。クレソンは、低めの温度の湯でゆでるのがポイントで、苦みがまろやかになっておいしくなります。全体に脂っ気の少ない献立ですが、ごまでコクと良質な油を補います。

段取りスケジュール

1時間前
[あらかじめできる] 米を洗い、浸水させて水気をきる。
干し貝柱を水に浸ける。

30分前
ご飯を炊き始める。
干し貝柱を煮て戻し、戻し汁と分け、貝柱に味つけする。

10分前
もずく汁を作る。
ごま和えの和え衣を作り、具を下ごしらえする。
混ぜご飯の三つ葉を下ごしらえする。

直前
ご飯と具を混ぜる。
和え衣と具を和える。

36

### 貝柱と三つ葉の混ぜご飯

材料（作りやすい分量）
ご飯（温かいもの）……500g
干し貝柱……30g
水……400㎖
酒……大さじ1
薄口醤油……小さじ1
長ねぎ（みじん切り）……20g
三つ葉……5本

作り方
1 干し貝柱は分量の水に30分浸け、鍋に入れて火にかけ、5分煮て戻す。貝柱を取り出し、戻し汁はもずく汁用にとっておく。
▸▸▸このときの干し貝柱は、欠けたものでも充分。形のよいものよりも、ずっと手頃な価格で手に入れることができます。
2 1の貝柱をほぐし、小鍋に入れて醤油、酒をふって長ねぎを加え、汁気がなくなるまで炒める。三つ葉はゆで、冷水にとって水気を絞り、2cm長さに切る。
3 温かいご飯に2を混ぜる。

三つ葉は、数少ない日本原産の野菜で、香りと歯触りが持ち味。手早くゆでて冷水にとると、風味が増します。

### もずく汁

材料（2人分）
もずく（味のついていないもの）……100g
にら……4本
干し貝柱の戻し汁（右記）……300㎖
薄口醤油……小さじ1強
酒……小さじ1

作り方
1 もずくは5cm長さ、にらは4cm長さに切る。
2 鍋に干し貝柱の戻し汁と1のもずくを入れて火にかけ、煮立ったらにらを加え、薄口醤油と酒で味をととのえる。
▸▸▸貝柱はものによって塩分が違うので、戻し汁を味みして塩気が強いようなら、醤油の分量を加減してください。

栄養MEMO
海藻には野菜以上のビタミン、ミネラルが含まれ、コレステロール値を低下させる働きがあります。アミノ酸を含むので、だし素材にもなる便利食材ですよ。

### クレソンのごま和え

材料（2人分）
クレソン……2束
和え衣
炒り白ごま……30g
砂糖……大さじ1
醤油……大さじ1

作り方
1 白ごまを半ずりにし、砂糖と醤油を混ぜて和え衣を作る。
▸▸▸ごまは適度に粒を残すことで、噛んだときに口の中にごまの香りが漂います。
2 クレソンの根元を2cm程度切り落とし、80℃の湯で1分ゆで、冷水にとる。
▸▸▸セリ科のクレソンは、80℃ぐらいでゆでると、味がまろやかになって、生よりおいしいように思います。
3 クレソンの水気を絞り、4cm長さに切って1と和える。

クレソンは明治はじめに日本に入り、各地に自生していった野菜です。生ではややくせがあるので好き嫌いがありますが、加熱するとまろやかになっておいしくなります。天ぷらにしたり、お浸しにもどうぞ。

37

その献立の組み合わせの意図を記しています。テーマの説明、具体的な料理の栄養や色彩、食べ合わせなどのバランスなどをていねいに説明しています。みなさまが献立を考えるときのご参考になさってください。

料理をほぼ同時に仕上げて食卓に揃えて並べるための、大まかなスケジュールです。切る速度や熱源、火力の強弱、調理道具などには個人差がありますので、時間は目安です。

［あらかじめできる］マークは、指定の時間よりも前にしておける作業、［作りおきできる］マークは事前に作って完成させておける作業で、スケジュールから省略することができます。［作りおきできる］マークの料理は、基本的に電子レンジで温め直して食卓に並べます。

野崎さんからみなさまへのアドバイスです。コツやバリエーションが広がるアイディアが詰まっています。

栄養成分やバランスについて、栄養士でもある野崎さんからのアドバイスです。

## この本の決まりごと

◆小さじ1＝5㎖、大さじ1＝15㎖、1合＝180㎖、1カップ＝200㎖です。㎖はccと同じです。

◆とくにただし書きがなければ、砂糖は上白糖、塩は海塩、醤油は濃口醤油、味噌は長期熟成の信州味噌、酒は清酒、みりんは本みりん、卵はM玉を使っています。

◆「だし汁」は、とくにただし書きがなければ、昆布とかつお節でとっただし汁（16ページ）のことです。市販のだしの素を使う場合は塩分が含まれているので、全体の塩の量や味の調整を行ってください。

◆電子レンジの加熱時間は、600Wを基準にしています。お持ちの電子レンジが500Wなら時間を1.2倍にしてください。

## 第一章

# 春の献立

# 春の献立に大切な三か条

## 一　生命力あふれる旬の食材を使う

寒い冬に終わりを告げ、草木が芽吹き、生命が生き生きとしてくる季節。その食材の持つパワーをいただくのが、春の料理です。野山に生える山菜や、花開く前に力をたくわえた菜の花、新じゃがや新玉ねぎなどの新もの。海には鯛やさわら、まだ脂が少なくて淡味のかつおなど、上品な味わいの魚介が出てきます。これらを積極的に使って、献立をととのえましょう。

## 二　色彩を大切にする

春は、若々しい色の素材が多く出回ります。菜の花やふき、木の芽の若緑色、じゃがいもの薄黄、桜色の鯛など、晴れやかな色を生かして、献立も春のウキウキした気分を映した彩りにするとよいでしょう。菜の花には卵を合わせて黄色をプラスし、緑色が引き立つようにしたり、椀に木の芽を添えて差し色にしたり。さらに器にひと工夫してもよいでしょう。

## 三　苦みを生かす

基本の五味（甘み、酸味、苦み、塩から味、旨み）のなかで、春を象徴する味は「苦み」。うどやふきのとう、つくしなどの山菜や、木の芽などの香り野菜が持つ爽やかな苦みは、冬の間眠っていた体を目覚めさせてくれます。山菜はとくに下ごしらえが必要なものが多くありますが、この時季ならではのものですから、ぜひ献立に取り入れたいものです。

# 春の基本の献立

ふきとしらすの炊き込みご飯
はまぐりの潮汁／鯛の木の芽焼き
豚肉の沢煮

## 段取りスケジュール

**1時間前**
あらかじめできる　米を洗い、浸水させて水気をきる。

**40分前**
鯛の切り身に塩をふる。
鯛の若狭地を作り、木の芽と混ぜる。

**30分前**
ご飯を炊き始める。
作りおきできる　沢煮の具を下ごしらえし、煮る。

**15分前**
鯛の木の芽焼きを焼く。
はまぐりを洗い、塩抜きする。

**10分前**
はまぐりの潮汁を作る。

**5分前**
炊き上がったご飯にふきとしらすを散らして蒸らす。


作り方は p.22～23

# はまぐりの潮汁

**材料（2人分）**

**はまぐり**（殻つき、砂抜きしたもの）…… **6個**
**水** …… **300mℓ**
**昆布**（5×5cm角）…… **1枚**
**わかめ**（塩蔵を戻したもの、ざく切り）…… **30g**
**うど**（せん切り）…… **5cm分**
**木の芽** …… **適量**
**薄口醤油** …… **小さじ1**
**塩** …… **少量**

**作り方**

**1** はまぐりは水の中で殻をこすり洗いする。水を替えて2〜3分浸け、ざるに上げる。

▶▶▶はまぐりやあさりは、水に浸けて塩抜きしてから使います。

**2** 鍋に1、分量の水、昆布を入れて火にかける。はまぐりの口が開いたらわかめを入れ、薄口醤油と塩で味をととのえる。

**3** 椀に盛り、うどと木の芽をのせる。

# ふきとしらすの炊き込みご飯

**材料（作りやすい分量）**

**米** …… **2合**（360mℓ）
**水** …… **300mℓ**
**薄口醤油** …… **30mℓ**
**酒** …… **30mℓ**
**ふき** …… **1本**
**しらす** …… **50g**
**塩** …… **適量**

**作り方**

**1** 米は洗って水適量（分量外）に15分浸け、ざるに上げて15分おく。

▶▶▶この作業は、あらかじめ行うことができます。当日の朝、ここまで行ってから保存袋に入れ、冷蔵庫に入れておくと、夜帰ってからすぐにご飯を炊くことができ、時短になりますよ。

**2** 炊飯器に1、分量の水、薄口醤油、酒を入れ、早炊きモードで炊く。

▶▶▶1で米に芯まで水を含ませているので、早炊きモードにします。普通モードで炊くと水っぽくなるので注意。

**3** ふきは鍋に入る大きさに切り、多めの塩をまぶして板ずりする。熱湯で2分ゆで、冷水にとって皮をむき、斜め薄切りにする。

**4** ご飯が炊き上がったら3としらすを散らし、5分蒸らす。全体にざっくりと混ぜる。

# 豚肉の沢煮

作りおき　冷蔵庫で3日

**材料（2人分）**

**豚ばら薄切り肉** …… 70g
**たけのこ**（4cm長さのせん切りにしてアク抜きしたもの➡p.63。ゆでたけのこでもよい）…… 50g
**ごぼう**（たわしで洗って皮つき）…… 25g
**にんじん** …… 10g
**うど**（皮をむいて）…… 30g
**三つ葉** …… 20本
**長ねぎ** …… ½本
**水** …… 200mℓ
**薄口醤油** …… 大さじ1
**黒こしょう** …… 適量

**作り方**

**1** ごぼう、にんじん、うど、長ねぎは4cm長さのせん切りにし、三つ葉は4cm長さに切る。豚肉は8cm長さに切る。

**2** たけのこ、ごぼう、にんじんをざるに入れて熱湯に浸け、1〜2分ゆでて、ざるごと引き上げる。同じ湯に豚肉を入れ、箸でほぐし、うっすら白くなったらざるに上げ、水で洗う。

**3** 鍋に分量の水、薄口醤油、2の野菜を入れ、火にかけて沸いたら5分煮る。

**4** 2の豚肉を入れて軽く温め、うど、長ねぎ、三つ葉を加えて温める。椀に盛り、黒こしょうをふる。

▶▶▶春らしい香りや苦みを持つうどや三つ葉。持ち味を生かすため、仕上げに加えて軽く温めるだけにします。

# 鯛の木の芽焼き

**材料（2人分）**

**鯛**（40gの切り身）…… 4切れ
**塩** …… 適量
**木の芽** …… 5枚

**若狭地**
**酒** …… 50mℓ
**醤油** …… 10mℓ

**作り方**

**1** 鯛の両面に塩をふり、20分おく。水で洗い、水気を拭く。

**2** 酒と醤油を混ぜ合わせて若狭地を作り、木の芽を刻んで混ぜる。

**3** あらかじめ温めておいた魚焼きグリルで1を焼き、8割がた火が入ったら2をはけで塗り、焼く。これを2〜3回くり返す。

# 具だくさんご飯が主役の献立

新じゃがと帆立のご飯／ふきと京がんもの淡汁／ルッコラのからし醤油和え／赤貝とわけぎの酢味噌和え

単純で地味な献立に見えますが、帆立、油揚げ、赤貝など高たんぱく質でスタミナのつく、バランスのよい組み合わせ。

この献立の主役は、春の素材を炊き込んだご飯です。炊き込みご飯は、具材の持ち味を生かすため、時間差で具をご飯に加えます。新じゃがは堅いので、はじめから炊いて柔らかくし、帆立は加熱し続けると堅くなり、ジューシーさも失われるので、炊き上がり直前に加えて、蒸らす程度にします。

汁ものにはこの時季らしいふきを使い、苦みと香りの風合いをいただきます。具だくさんなので、煮もの代わりにもどうぞ。

副菜に使ったルッコラは、爽やかな辛みがあって、口の中をリフレッシュしてくれます。洋野菜ですが、油揚げを入れることで和の料理ともなじみます。春を代表する貝の一つ、赤貝は色彩も美しく、献立を華やかにしてくれます。なければ、いかやあさりでもよいでしょう。

## 段取りスケジュール

**1時間前**
あらかじめできる　米を洗い、浸水させて水気をきる。

**40分前**
ご飯の具の下ごしらえをする。

**30分前**
ご飯を炊き始める（炊き上がり5分前に帆立貝柱をのせる）。
あらかじめできる　酢味噌を作る。
からし醤油を作る。

**20分前**
からし醤油和えの具を下ごしらえする。
酢味噌和えの具を下ごしらえする。
淡汁の具を下ごしらえする。

**10分前**
淡汁を作る。

**直前**
酢味噌と具を和える。
からし醤油和えの仕上げをする。

## 赤貝とわけぎの酢味噌和え

**材料（2人分）**

赤貝の身（開いて内臓などを取り除いたもの）…… 1個分
わけぎ …… 3本

**酢味噌**
味噌 …… 30g
酢 …… 大さじ1
砂糖 …… 大さじ1
みりん …… 小さじ1
酒 …… 小さじ1
おろししょうが …… 小さじ1

**作り方**

1 酢味噌の味噌、酢、砂糖、みりん、酒を耐熱ボウルに入れてよく混ぜ合わせ、電子レンジで40秒加熱する。常温に冷めたら、おろししょうがを混ぜる。

2 赤貝の身は細切りにする。

▶▶▶赤貝の代わりに、あさりのむき身やいかの細切りを使ってもおいしいです。楽しみながら作りましょう。

3 鍋に湯を沸かし、わけぎの根元からゆで、青い部分も沈ませ、さっとゆでる。ざるに上げて冷まし、手でしごいてぬめりを取り、3cm長さに切る。

4 2と3を1で和える。

**作り方**

1 ふきは鍋に入る大きさに切り、多めの塩をまぶして板ずりし、熱湯で2分（太ければ3分）ゆでる。冷水にとって皮をむき、4cm長さに切る。

2 京がんもは熱湯に浸して油抜きし、水気を絞る。

3 鍋に煮汁の材料と2を入れて火にかけ、沸いたら弱火にし、3分煮る。1を加え、1分煮る。

## ルッコラのからし醤油和え

**材料（2人分）**

ルッコラ …… 2束
油揚げ …… 1枚

**からし醤油**
醤油 …… 大さじ2
だし汁 …… 大さじ1
和がらし …… 小さじ1

**作り方**

1 ルッコラは長さを半分に切り、水に浸してパリッとさせ、水気をきる。

2 温めておいた魚焼きグリルで油揚げをこんがりと焼き、縦半分に切ってから1cm幅に切る。

3 からし醤油の材料を混ぜ合わせる。

4 1と2を器に盛り、3をかける。

## 新じゃがと帆立のご飯

**材料（作りやすい分量）**

米 …… 2合（360mℓ）
じゃがいも …… 中1個
帆立貝柱 …… 4個
水 …… 300mℓ
薄口醤油 …… 30mℓ
酒 …… 30mℓ

**作り方**

1 米は洗って水適量（分量外）に15分浸け、ざるに上げて15分おく。

2 じゃがいもは皮をむいて2cm角に切り、水で洗って水気をきる。帆立貝柱は手で4つに裂く。

3 炊飯器の内釜に1、分量の水、薄口醤油、酒を入れ、じゃがいもを加え、早炊きモードで炊く。

4 炊き上がる5分前に炊飯器のふたを開け、2の帆立貝柱をのせ、ふたを閉める。炊き上がったら、全体をさっくりと混ぜる。

## ふきと京がんもの淡汁

**材料（2人分）**

ふき …… 1本
京がんも …… 4個
塩 …… 適量

**煮汁**
だし汁 …… 400mℓ
薄口醤油 …… 大さじ1
みりん …… 小さじ1

# 汁ものが主役の一汁二菜献立

ご飯／ふきと豚の味噌汁／しらすの菜種焼き／たたき長いものたらこがけ

煮もの代わりの、具だくさん味噌汁が主役の献立です。この本ではあえて肉をあまり使っていませんが、ビタミンBの豊富な豚肉をたっぷりの野菜とともに食べるのは、栄養バランス的にもおすすめ。ふきの苦みと豚肉の相性もばつぐんです。

私は、食事に大切なのは〝リズム〟だと思っています。まず、食感のリズム。副菜の長いもは切り揃えたりすりおろしたりしません。ビニール袋に入れて叩くことで断面が割れ、大きさが不揃いになることで、シャキシャキとした食感が出ます。食事の途中でこの副菜を食べることで口の中がリフレッシュし、次の料理がまたおいしくいただけます。次に味のリズム。この献立では汁ものに肉のコク、菜種焼きに卵のコク、たたき長いもにたらこのコクがありますが、どれも違うタイプ。どんな順で食べるとおいしいか、ご自身で〝配球〟を考えながら食べる楽しさも、食事の醍醐味です。

## 段取りスケジュール

**1時間前**

あらかじめできる

**米を洗い、浸水させて水気をきる。**

**30分前**

**ご飯を炊き始める。**

**味噌汁の具を下ごしらえする。**

**15分前**

**たたき長いもの材料を下ごしらえする。**

**菜種焼きの材料を下ごしらえする。**

**10分前**

**味噌汁を作る。**

**菜種焼きを作る。**

**直前**

**たたき長いもの仕上げをする。**

## たたき長いものたらこがけ

**材料（2人分）**

長いも …… 100g
塩たらこ …… 60g
Ⓐ
- トマトジュース（食塩無添加） …… 大さじ2
- 薄口醤油 …… 小さじ1

**作り方**

**1** 長いもは皮をむいて一口大に切り、ビニール袋に入れてすりこぎ棒で叩く。

▸▸▸叩くことで割れて、味がからむ面積が増え、食感もよくなります。

**2** たらこは薄皮を切って中身を出し、Ⓐと混ぜ合わせる。

**3** 器に1を盛り、2をかける。

**栄養MEMO**

長いもには消化を促す酵素が含まれるので、他の食材と組み合わせると栄養の吸収がよくなります。また善玉コレステロールを増やし、悪玉コレステロールを減らすので、なるべく食事に取り入れたいものです。なお、長いものでんぷんは消化しやすいので、他のいもと違って生で食べられます。

## しらすの菜種焼き

**材料（2人分）**

釜揚げしらす …… 50g
菜の花 …… 8本
サラダ油 …… 小さじ1

卵液
- 卵 …… 2個
- 水 …… 50mℓ
- 砂糖 …… 大さじ½
- 薄口醤油 …… 小さじ1

**作り方**

**1** 菜の花は根元の堅い部分を切り落とし、長さを半分に切る。80℃の湯で1分ゆでて冷水にとり、水気を絞る。

▸▸▸アブラナ科の野菜は、熱湯ではなく80℃でゆでると、辛みや香りがぐんと引き出されます。

**2** 卵を割りほぐし、水、砂糖、薄口醤油を混ぜ合わせる。1、しらすも加え、混ぜる。

**3** フライパンにサラダ油を熱し、ぬれ布巾にフライパンをのせて粗熱を取ってから、2を流し入れる。再び火にかけ、しゃもじなどでかき混ぜながら、半熟状に仕上げる。

**栄養MEMO**

しらすはいわしの幼魚だということは、みなさん知っていますね。いわしにはEPAやDHAなどの不飽和脂肪酸が多く含まれるだけでなく、カルシウムとその吸収をよくするビタミンDを含みます。しらすは少し日持ちもするので、不足しがちな栄養が簡単にとれる〝常備菜〟として冷蔵庫に入れておくのがおすすめです。

## ふきと豚の味噌汁

**材料（2人分）**

ふき …… 1本
豚ロース肉（薄切り） …… 80g
長ねぎ（1cm幅の小口切り） …… ½本分
水 …… 300mℓ
味噌 …… 20g
塩 …… 適量

**作り方**

**1** 豚肉は3cm長さに切る。

**2** ふきは鍋に入る大きさに切り、多めの塩をまぶして板ずりし、熱湯で2〜3分ゆでる。冷水にとって皮をむき、斜めに切る。

**3** 1をざるに入れ、2の湯に浸して箸でほぐし、すぐに冷水にとって水気をきる。

**4** 別の鍋に分量の水、2、3、長ねぎを入れて火にかける。

**5** 沸いたら味噌を溶き入れる。

豚肉は、江戸幕府15代将軍、徳川慶喜（一橋徳川家）が好んだことから、江戸時代に「一ツ橋様」と呼ばれていました。そのため関西は牛肉、関東には豚肉が根づき、肉じゃがも関西では牛肉、関東では豚肉を使うのが一般的になりました。

# 春の恵みをいただく献立

ご飯／うずらとせりの味噌汁／はまぐりと菜の花のいしる煮／新ごぼうの卵とじ

白いご飯をきちんと食べたいときの、おかずを豪華に組み合わせた献立。はまぐり、菜の花、せり、新ごぼう……、春の香りあふれる食材を、存分に堪能しましょう。魚醤の熟成した旨み、砂糖と醤油の甘辛味、味噌、それぞれ異なるおかずの味を、白いご飯と調和させながらいただきます。

主菜は、春に旨みをたくわえてふっくらおいしくなる、はまぐり。ひな祭りの貝合わせにも欠かせない春を代表する食材で、同じ魚介の旨みを生かした魚醤をだしにして煮ます。魚醤は、酸味をプラスしないと臭みを感じることがあるので、ここではトマトとレモンを合わせます。れんげにご飯をすこしのせて、このつゆを少しすくって食べてみてください。魚介の旨みたっぷりでおいしいですよ。

副菜に添える新ごぼうのシャキッとした歯ごたえも献立のポイントで、食感のリズムがよくなり、食がすすみます。

## 段取りスケジュール

**1時間前**

（あらかじめできる）**米を洗い、浸水させて水気をきる。**

**30分前**

**ご飯を炊き始める。**

**味噌汁の具を下ごしらえする。**

**いしる煮の具を下ごしらえする。**

**卵とじの材料を下ごしらえする。**

**15分前**

**卵とじを作る。**

**10分前**

**味噌汁を作る。**

**いしる煮を作る。**

## 新ごぼうの卵とじ

**材料（2人分）**

新ごぼう……1本（80g）
卵……1個
三つ葉（3cm長さに切る）……6本分

**煮汁**
だし汁……大さじ4
みりん……小さじ2
醤油……小さじ2

**作り方**

**1** 新ごぼうはたわしでよく洗って、皮つきのまま粗めのささがきにし、さっと水で洗ってざるに上げる。卵は溶きほぐす。

▸▸▸香りや食感が少し違いますが、普通のごぼうでもかまいません。分量も作り方も同じです。ごぼうは水にさらすと旨みがなくなるので、さっと洗う程度にしましょう。

**2** 小さめのフライパンにごぼうを敷き詰め、煮汁の材料を入れて火にかける。

**3** 煮立ってきたら、**1**の溶き卵を回し入れ、三つ葉を加え、ふたをする。火を止め、1分蒸らす。

**栄養MEMO**

ごぼうは繊維質があるので腸の働きをよくし、動脈硬化の予防にもつながります。

## はまぐりと菜の花のいしる煮

**材料（2人分）**

はまぐり（殻つき、砂抜きしたもの）……10個
菜の花……8本
長ねぎ……1本

**煮汁**
いしる……大さじ2
トマトジュース（食塩無添加）……大さじ2
レモンの搾り汁……大さじ2
酒……大さじ2
醤油……大さじ1

**作り方**

**1** 水の中ではまぐりの殻をこすり合わせて表面の汚れを落とし、よく洗う。水を替えて3分浸し、ざるに上げる。

▸▸▸「あさりの吸いもの」(➡p.39)と同様、水に少し浸して塩抜きをします。

**2** 菜の花は堅い根元を切り落とし、長さを半分に切る。長ねぎは3cm長さに切って縦4等分にして芯を取る。これらを一緒にざるに入れ、熱湯に浸けて箸でほぐし、ざるを引き上げる。

**3** フライパンに**1**と煮汁の材料を入れ、ふたをして火にかけ、蒸し煮にする。煮汁が沸いてはまぐりの口が開いたら**2**を加え、煮汁をからませて温める。

▸▸▸いしるの代わりに、しょっつるやナンプラーなどほかの魚醤を使っても。それぞれ風味が違うので、またひと味違う風合いになります。

▸▸▸れんげにご飯をのせて、煮汁に浸して食べてもおいしいです。

## うずらとせりの味噌汁

**材料（2人分）**

うずらの卵……6個
せり（3cm長さに切る）……½束分
だし汁……300mℓ
味噌……20g

**作り方**

**1** うずらの卵を水からゆで、沸騰したら弱火にして3分ゆでる。冷水にとり、殻をむく（市販のゆでてあるものでもよい）。

**2** 鍋にだし汁と**1**を入れて火にかけ、沸いたら味噌を溶き、せりを加え、ひと煮立ちさせる。

せりの仲間、セロリ、にんじんの葉、クレソン、コリアンダー（パクチー）、パセリなども味噌汁の具に使うとおいしいです。

# 贅沢味噌汁が主役の献立

ご飯／鯛の焼き目つき味噌汁／アスパラガスと芽ひじきの炒り煮／うどときくらげの梅肉和え／春キャベツの浅漬け

　いまは一年中出回る鯛ですが、とくに春のものを〝桜鯛〟と呼び、珍重してきました。そのごちそうを、贅沢に汁もの仕立てにして、献立の主役に据えています。

　鯛はとても旨みの強い魚です。いったん焼いて香ばしい香りをつけながら生臭みを消し、冷たい水から火にかけて、沸いたらもう充分においしいだしが出ています。煮すぎないことで、魚もおいしく食べられ、煮ものの代わりにもなるでしょう。

　副菜3品では、たっぷり野菜をいただきます。ひじきはカルシウムや鉄分を含み、積極的に食べたい食材です。美しい黒色を生かし、芽吹きのアスパラガスとともに気軽に楽しんでください。ほろ苦いうどは、梅肉で和えてさっぱりとした箸休めに。春キャベツの柔らかく心地よい食感は、すぐに作れる漬けものでいただきます。栄養や脂肪過多になりがちな現代の食事の、バランスをとりましょう。

## 段取りスケジュール

**1時間前**
あらかじめできる　米を洗い、浸水させて水気をきる。

**40分前**
鯛に塩をふる。
作りおきできる　春キャベツの浅漬けを作る。

**30分前**
ご飯を炊き始める。
梅肉和えの具を下ごしらえする。

**20分前**
鯛を焼き、味噌汁のほかの具を下ごしらえする。
作りおきできる　炒り煮を作る。

**10分前**
味噌汁を作る。

**直前**
梅肉だれを作り、具を和える。

せりはさっとゆでて冷水にとり、3cm長さに切る。

**2** ボウルに梅肉だれの材料を入れて混ぜ、**1**を和える。

## 春キャベツの浅漬け

作りおき　冷蔵庫で3日

**材料（2人分）**

春キャベツ …… 150g
ラディッシュ …… 3個
塩 …… 適量

**立て塩**
水 …… 250mℓ
塩 …… 小さじ1
昆布（5×1cm） …… 8枚

**作り方**

**1** 春キャベツは軸と葉に分け、葉はざく切りにし、軸は薄切りにする。ラディッシュは薄切りにする。

▶▶▶普通のキャベツでもかまいません。少し堅い食感になりますが、それもまたおいしさ。分量も同じです。

**2** **1**をボウルに入れ、塩をまぶして5分おく。

**3** 立て塩の材料をひと煮立ちさせ、そのまま常温に冷ます。

**4** **2**を軽くもんでざるに入れ、80℃の湯に浸け、箸でほぐしながらさっと湯通しし、すぐに冷水にとって水気をよく絞る。

**5** **3**に30分漬け、汁気を絞る。

## アスパラガスと芽ひじきの炒り煮

作りおき　冷蔵庫で3日

**材料（2人分）**

アスパラガス …… 2本
芽ひじき（乾物） …… 10g
サラダ油 …… 大さじ½
Ⓐ 酒 …… 大さじ2
Ⓐ 醤油 …… 大さじ1
Ⓐ 砂糖 …… 大さじ1

**作り方**

**1** アスパラガスは根元の堅い部分の皮をむき、5cm長さに切る。

**2** 芽ひじきは水で戻し、熱湯でさっとゆで、ざるに上げる。

**3** Ⓐを混ぜ合わせる。

**4** フライパンにサラダ油を熱し、**1**を炒める。緑色が鮮やかになったら**2**を入れ、**3**を回しかけて混ぜながら煮からめる。

## うどときくらげの梅肉和え

**材料（2人分）**

うど（太いもの） …… 10cm
きくらげ（乾燥） …… 5g
せり …… 5本

**梅肉だれ**
梅肉 …… 大さじ1
だし汁 …… 大さじ1
醤油 …… 小さじ1

酢 …… 適量

**作り方**

**1** うどは皮をむいて乱切りにし、酢水に浸してアク止めをする。きくらげは水で戻し、せん切りにしてさっとゆで、ざるに上げる。

## 鯛の焼き目つき味噌汁

**材料（2人分）**

鯛（50gの切り身） …… 2切れ
長ねぎ …… 1本
たけのこ …… ½本（60g）
水 …… 300mℓ
味噌 …… 15g
木の芽 …… 4枚
塩 …… 適量

**作り方**

**1** 鯛の両面に薄く塩をふり、20分おく。水で洗い、水気を拭く。

**2** 温めておいた魚焼きグリルで、**1**を両面とも香ばしく焼く。

▶▶▶鯛は焼くと魚臭さがなくなって、おいしさが際立ちます。

**3** 長ねぎは5cm長さに切り、表面に斜めに4〜5本切り目を入れる。たけのこは薄切りにし、アクを抜く（➡p.63。ゆでたけのこでもよい）。

▶▶▶長ねぎに切り目を入れると、火が通りやすくなるだけでなく、噛んだときにねぎの芯が飛び出しにくくなります。

**4** 鍋に分量の水と**2**、**3**を入れて火にかけ、沸騰したら弱火にして味噌を溶き混ぜ、1分煮る。

**5** **4**を椀に盛り、木の芽を添える。

# 春の魚が主役の一汁二菜献立

ご飯／新じゃがとこんにゃくの味噌汁／かれいの山菜あんかけ／いかとわかめの酢のもの

この献立のポイントは、何といってもこの時季に旬を迎える素材を味わい尽くすこと。

主役は、水ぬるむ頃においしくなるかれいと春の山菜のあんかけ。かれいは揚げて主役らしいコクをつけますが、かれいそのものの旨みは強くありません。香りと食感が持ち味の山菜を組み合わせることで、全体に軽やかな味わいでありながら、白いご飯がすすむおかずになります。ぜひ、この季節に作ってみてほしい料理です。

新じゃがは煮るとこっくりした味、ほっくりとした食感になるので、春の味噌汁のレパートリーにどうぞ。ご自身でお好みの食材を組み合わせるのも楽しいでしょう。ここではこんにゃくを合わせることで、ローカロリーなのに不足しがちな食物繊維もとることができます。副菜にはいかとわかめの酢のものを合わせ、海藻をとりながら、酸味で全体の味のバランスをとりましょう。

## 段取りスケジュール

### 1時間前

あらかじめできる

**米を洗い、浸水させて水気をきる。**

### 30分前

**ご飯を炊き始める。**

作りおきできる

**味噌汁を作る。**

**山菜あんかけの材料を下ごしらえする。**

**酢のものの具を下ごしらえし、加減酢を作る。**

### 15分前

**かれいを揚げ、山菜あんを作る。**

### 直前

**山菜あんかけの仕上げをする。**

**酢のものを仕上げる。**

## いかとわかめの酢のもの

**材料（2人分）**

いかの胴（開いたもの）…… ½ぱい分
わかめ（塩蔵を戻したもの）…… 40g
きゅうり …… 1本

**立て塩**

水 …… 200mℓ
塩 …… 大さじ1

**加減酢**

酢 …… 大さじ2
だし汁 …… 大さじ2
醤油 …… 大さじ2

炒り白ごま …… 大さじ1
しょうが（せん切り）…… 20g

**作り方**

1 いかは4cm幅に切り、表面に鹿の子に切り目を入れ、2cm長さに切る。

▶▶▶いかは縦横に細かい筋繊維があるため、表面に細かく切り目を入れると繊維が縮まないので、丸まりません。

2 1を70℃の湯で30秒ゆでて、冷水にとって水気をきる。

3 わかめは5cm長さに切る。

4 きゅうりは小口切りにし、立て塩の材料を混ぜ溶かした中に20分浸し、もみ洗いしてから水気を絞る。

5 加減酢の酢を耐熱容器に入れ、電子レンジで20秒加熱して冷まし、他の材料と合わせる。

6 ボウルに2、3、4、ごまを合わせ、5で和える。器に盛り、しょうがをのせる。

## かれいの山菜あんかけ

**材料（2人分）**

かれい（40gの切り身）…… 4切れ
山菜（こごみ、ぜんまい、アク抜きしたわらびとたけのこなど）…… 計100g
三つ葉 …… 10本
揚げ油 …… 適量

**煮汁**

だし汁 …… 200mℓ
薄口醤油 …… 小さじ4
みりん …… 大さじ1

**水溶き片栗粉**

片栗粉 …… 大さじ1
水 …… 大さじ2

**作り方**

1 山菜は食べやすい大きさに切る。三つ葉は3cm長さに切る。水溶き片栗粉の材料を混ぜ合わせる。

2 かれいははけで小麦粉（分量外）をまぶし、180℃の油できつね色に揚げる。

3 鍋に煮汁の材料を合わせ、1の山菜を入れて火にかける。沸騰したら三つ葉を加え、水溶き片栗粉を再び混ぜて煮汁に加え、全体を混ぜてとろみをつける。

4 2を器に盛り、3をかける。

▶▶▶あんかけにすると味がからんで、淡泊な魚がぐんとおいしくなります。

**栄養MEMO**

かれいは高たんぱく、低脂肪で上品な味わいを持ち、コラーゲンも多く含みます。またビタミン$B_1$、$B_2$、Dやアミノ酸が含まれ、疲労回復や肝機能の強化に役立ちます。

## 新じゃがとこんにゃくの味噌汁

**作りおき** 冷蔵庫で3日

**材料（2〜3人分）**

新じゃが …… 2個
こんにゃく …… ⅓枚
菜の花 …… 4本
煮干し …… 4本
水 …… 500mℓ
味噌 …… 30g

**作り方**

1 じゃがいもの皮をむき、一口大に切り、水に浸す。菜の花は食べやすい大きさに切り分ける。

2 こんにゃくは厚さを半分に切り、1cm幅の短冊に切って熱湯でゆでる。

3 煮干しは頭と内臓を取って、縦半分に裂く。

4 鍋に分量の水と3、1のじゃがいも、2を入れて火にかける。じゃがいもが柔らかくなったら味噌を溶き混ぜ、菜の花を加え、菜の花に火を通す。

# 春の味づくしの一汁一菜献立

えんどう豆ご飯／アスパラガスといわしのつみれ汁／春野菜のサラダ

家庭料理のよさは、作る直前に皮をむいたり刻んだりできること。それゆえ、素材の風合いを損なうことなく、存分に楽しめるところにあります。えんどう豆はそれがとくに味に直結する食材です。さやつきで求め、作る直前に豆を取り出すことで、薄皮が柔らかく、香りも豊かに仕上がります。

えんどう豆ご飯は、炊き上がったご飯にゆでたえんどう豆を混ぜて、美しい翡翠色を生かすこともありますが、最初から炊き込んだほうが本当はおいしい。豆は色褪せますが、ご飯全体が青い香りをまとい、食べると口いっぱいに豆の香りが広がって、春を感じさせてくれます。

この春を代表する炊き込みご飯に組み合わせるのは、たんぱく質源となるいわしと春野菜の具だくさん汁ものと、春の野菜をたっぷりとゆでたサラダ。青背の魚、いわしは水からゆっくり火を入れることで柔らかく、旨みも出ておいしくなります。

## 段取りスケジュール

**1時間前**

あらかじめできる　米を洗い、浸水させて水気をきる。

えんどう豆ご飯の具を下ごしらえする。

いわしのつみれを作る。

**30分前**

えんどう豆ご飯を炊き始める。

つみれ汁の具を下ごしらえする。

サラダの野菜を下ごしらえし、ドレッシングを作る。

**10分前**

つみれ汁を作る。

サラダの仕上げをする。

# 春野菜のサラダ

**材料（2人分）**

ふき …… 1本
うど …… 8cm
ブロッコリー …… ¼個
ほうれん草 …… ½束
しいたけ …… 2個

**ごまドレッシング**

サラダ油 …… 50mℓ
ごま油 …… 10mℓ
酢 …… 40mℓ
醤油 …… 大さじ1
玉ねぎの搾り汁 …… 大さじ1
にんじんの搾り汁 …… 大さじ1
炒り白ごま …… 大さじ1

酢 …… 適量
塩 …… 適量

**作り方**

1 ふきは鍋に入る大きさに切り、多めの塩をまぶして板ずりする。ブロッコリーは小房に分け、しいたけは軸を取る。

2 鍋に湯を沸かし、しいたけ、ブロッコリー、ほうれん草の順にゆで、それぞれ冷水にとり、水気をしっかりきる。

3 2と同じ湯でふきをゆで、冷水にとって皮をむき、4cm長さに切る。2のほうれん草も4cm長さに切る。

4 うどは4cm長さに切って皮をむき、縦4等分に切り、酢水に浸す。

5 ごまドレッシングの酢を耐熱容器に入れ、電子レンジで30秒加熱し、粗熱を取る。残りの材料と混ぜ合わせる。

▶▶▶酢は加熱するとツンとした酢気が飛び、まろやかになってどなたにも食べやすくなります。これは、どの酢のものにも共通する方法です。

6 器に2のしいたけとブロッコリー、3、4を盛り、5をかける。

# アスパラガスといわしのつみれ汁

**材料（2〜3人分）**

**いわしのつみれ**

いわし（三枚におろしたもの） …… 2尾分
長ねぎ（みじん切り） …… ½本分
A 味噌 …… 10g
A 小麦粉 …… 5g
A 塩 …… 少量

アスパラガス …… 2本
セロリ …… 1本
レタスの葉 …… 4枚

**煮汁**

水 …… 500mℓ
塩 …… 小さじ½
薄口醤油 …… 小さじ1
昆布（8×8cm角） …… 1枚

粉山椒 …… 適量
塩 …… 適量

**作り方**

1 いわしの両面に塩をふって15分おく。水洗いして水気を拭き取り、包丁で粗く叩き、長ねぎとAをのせ、さらに包丁で叩いて混ぜ合わせる。

▶▶▶均一にすりつぶすよりも、粗い部分が残っていたほうが食べたときにリズムが出ておいしいです。

2 アスパラガスは根元の堅い部分の皮をむき、5cm長さに切る。セロリは筋をむき、5cm長さに切る。レタスは大きくちぎる。

3 鍋に煮汁の材料、2を入れ、1のつみれもスプーンで一口分ずつすくって入れる。火にかけ、80℃くらいを保ちながら煮る。つみれが浮き上がったら椀に入れ、粉山椒をふる。

▶▶▶つみれは、水からゆっくりと火を入れると、とても柔らかくジューシーに仕上がります。作りたてのおいしさは格別ですが、多めに作っておけば、冷蔵庫で2〜3日持ちます。

# えんどう豆ご飯

**材料（作りやすい分量）**

米 …… 2合（360mℓ）
えんどう豆（さやつき） …… 260〜270g
油揚げ …… 1枚
水 …… 300mℓ
薄口醤油 …… 30mℓ
酒 …… 30mℓ

**作り方**

1 米は洗って水適量（分量外）に15分浸け、ざるに上げて15分おく。

2 油揚げは熱湯に浸し、油抜きをして水気を絞り、フードプロセッサーで細かくする（刻んでもよい）。

3 えんどう豆はさやから豆を取り出す。

▶▶▶できるだけ炊く直前に取り出しましょう。香りのよさがぜんぜん違います。取り出すと堅くなっていく一方なので、使うまで時間があるときは水に浸しておきます。

4 炊飯器に1、2、3、分量の水、薄口醤油、酒を入れ、早炊きモードで炊く。

5 炊き上がったら、全体をさっくりと混ぜる。

# 混ぜご飯が主役の3品献立

## 貝柱と三つ葉の混ぜご飯／もずく汁／クレソンのごま和え

あまり手をかけられない日も、この献立なら栄養も味もバランスよし。

主役の混ぜご飯は、炊きたての白いご飯に、旨み豊かな干し貝柱をたっぷり混ぜ、三つ葉で春の香りを漂わせます。貝柱は干すことで味が凝縮され、かつおだしや昆布だしの倍以上の旨みになります。そのため、干し貝柱の濃厚でおいしい戻し汁は、もずく汁に活用。新ものが出回る春のもずくと、まだ柔らかいにらを戻し汁で温めて、味つけするだけで作れる簡単汁ものにします。

混ぜご飯を引き立てるため、副菜はシンプルに、せりの仲間のクレソンをごま和えにします。シンプルなだけに調理の仕方次第でおいしさが大きく変わります。クレソンは、低めの温度の湯でゆでるのがポイントで、苦みがまろやかになっておいしくなります。全体に脂っ気の少ない献立ですが、ごまでコクと良質な油を補います。

### 段取りスケジュール

**1時間前**

あらかじめできる　**米を洗い、浸水させて水気をきる。**

**干し貝柱を水に浸ける。**

**30分前**

**ご飯を炊き始める。**

**干し貝柱を煮て戻し、戻し汁と分け、貝柱に味つけする。**

**10分前**

**もずく汁を作る。**

**ごま和えの和え衣を作り、具を下ごしらえする。**

**混ぜご飯の三つ葉を下ごしらえする。**

**直前**

**ご飯と具を混ぜる。**

**和え衣と具を和える。**

## クレソンのごま和え

**材料（2人分）**

クレソン …… 2束

**和え衣**

- 炒り白ごま …… 30g
- 砂糖 …… 大さじ1
- 醤油 …… 大さじ1

**作り方**

1. 白ごまを半ずりにし、砂糖と醤油を混ぜて和え衣を作る。

▶▶▶ごまは適度に粒を残すことで、噛んだときに口の中にごまの香りが漂います。

2. クレソンの根元を2cm程度切り落とし、80℃の湯で1分ゆで、冷水にとる。

▶▶▶セリ科のクレソンは、80℃ぐらいでゆでると、味がまろやかになって、生よりおいしいように思います。

3. クレソンの水気を絞り、4cm長さに切って1と和える。

クレソンは明治はじめに日本に入り、各地に自生していった野菜です。生ではややくせがあるので好き嫌いがありますが、加熱するとまろやかになっておいしくなります。天ぷらにしたり、お浸しにもどうぞ。

## もずく汁

**材料（2人分）**

- もずく（味のついていないもの） …… 100g
- にら …… 4本
- 干し貝柱の戻し汁（右記） …… 300mℓ
- 薄口醤油 …… 小さじ1強
- 酒 …… 小さじ1

**作り方**

1. もずくは5cm長さ、にらは4cm長さに切る。

2. 鍋に干し貝柱の戻し汁と1のもずくを入れて火にかけ、煮立ったらにらを加え、薄口醤油と酒で味をととのえる。

▶▶▶貝柱はものによって塩分が違うので、戻し汁を味みして塩気が強いようなら、醤油の分量を加減してください。

**栄養MEMO**

海藻には野菜以上のビタミン、ミネラルが含まれ、コレステロール値を低下させる働きがあります。アミノ酸を含むので、だし素材にもなる便利食材ですよ。

## 貝柱と三つ葉の混ぜご飯

**材料（作りやすい分量）**

- ご飯（温かいもの） …… 500g
- 干し貝柱 …… 30g
- 水 …… 400mℓ
- 酒 …… 大さじ1
- 薄口醤油 …… 小さじ1
- 長ねぎ（みじん切り） …… 20g
- 三つ葉 …… 5本

**作り方**

1. 干し貝柱は分量の水に30分浸け、鍋に入れて火にかけ、5分煮て戻す。貝柱を取り出し、戻し汁はもずく汁用にとっておく。

▶▶▶このときの干し貝柱は、欠けたものでも充分。形のよいものよりも、ずっと手頃な価格で手に入れることができます。

2. 1の貝柱をほぐし、小鍋に入れて醤油、酒をふって長ねぎを加え、汁気がなくなるまで炒める。三つ葉はゆで、冷水にとって水気を絞り、2cm長さに切る。

3. 温かいご飯に2を混ぜる。

三つ葉は、数少ない日本原産の野菜で、香りと歯触りが持ち味。手早くゆでて冷水にとると、風味が増します。

# 春らしいすしが主役の献立

## 菜種のちらしずし／あさりの吸いもの／めかぶとセロリの旨だしがけ

錦糸玉子の黄色を菜の花に見立てた、見た目にも春らしいちらしずしが主役の献立。若々しい黄緑色の菜の花を組み合わせた姿に、春の情景が自然と浮かんできませんか？　このように、春の献立では、味のよさや栄養バランスをととのえるだけでなく、色彩で季節感を表現したり、日本らしい景色を思わせるようにするとよいでしょう。

すしや炊き込みご飯など、塩味のついたご飯に組み合わせる汁ものは〝吸いもの〟と決まっていて、味噌汁と合わせないのが基本です。ここで使ったあさりは、水ぬるむ頃にふっくらとする、まさに旬を迎える食材。水から火にかけて、口が開いたらでき上がり。火は入れすぎず、貝の旨みと潮の香りを存分に堪能しましょう。

春は〝苦み〟を食べる季節でもあります。副菜にはセロリでその苦みをプラス。不足しがちな海藻で、ミネラルをたっぷりといただきましょう。

### 段取りスケジュール

**1時間半前**

あらかじめできる　米を洗い、浸水させて水気をきる。

**1時間前**

ご飯を炊き始める。

あらかじめできる　すし酢を作る。

ちらしずしの具を準備する。

**30分前**

炊き上がったご飯ですし飯を作る。

**15分前**

あさりの下ごしらえをする。

あさりの吸いもの、旨だしがけの材料を下ごしらえする。

旨だしがけの旨だしを作る。

**10分前**

あさりの吸いものを作る。

**直前**

ちらしずしの仕上げをする。

旨だしがけの仕上げをする。

# 菜種のちらしずし

**材料（作りやすい分量）**

米 …… 2合（360㎖）
水 …… 320㎖
菜の花 …… 1束

**すし酢**
- 酢 …… 35㎖
- 砂糖 …… 30g
- 塩 …… 10g

**薬味**
- しょうが（みじん切り）…… 30g
- 木の芽（みじん切り）…… 15枚分
- 炒り白ごま …… 大さじ3

**錦糸玉子**
- 卵 …… 1個
- 砂糖 …… 小さじ1
- 薄口醤油 …… 小さじ½

サラダ油 …… 小さじ1
木の芽 …… 適量

**作り方**

**1** 米を洗い、水適量（分量外）に15分浸け、ざるに上げて15分おく。炊飯器の内釜に米と分量の水を入れ、早炊きモードで炊く。

**2** すし酢の材料をよく混ぜ溶かす。

▶▶▶冷蔵庫で3カ月持つので、5〜10倍量作るのがおすすめ。いつでも気軽にすしを作ることができます。

**3** ご飯が炊き上がったら熱いうちに2と薬味の材料を一緒に混ぜ、バットに広げて粗熱を取る。固く絞ったぬれ布巾をかぶせる。

▶▶▶酢と薬味を同時に混ぜると、酢の水分で米がほぐれて、薬味が全体に混ざりやすくなります。混ぜる回数が少ないほど粘りが出ず、おいしいすし飯に仕上がりますよ。

**4** 菜の花は根元の堅い部分を切り落とし、長さを2等分する。約80℃の湯に3%の塩（湯1ℓの場合30g）を入れ、菜の花を1分30秒ゆでる。冷水にとり、水気をきる。

▶▶▶沸騰した湯に3割の水を加えると、約80℃になりますよ。

**5** 錦糸玉子の材料を溶き混ぜ、こす。フライパンに油を熱し、ぬれ布巾にのせて温度を下げ、卵液を流し入れて薄く広げる。残った卵液はボウルに戻す。火にかけて表面が乾いたら裏返し、さっと焼いて取り出す。これをくり返し、焼けたら重ねていく。

**6** 重ねたまま細く刻み、錦糸玉子を作る。

**7** 3のすし飯を器に盛り、4と6を散らし、木の芽を飾る。

# あさりの吸いもの

**材料（2人分）**

あさり（殻つき、砂抜きしたもの）…… 200g
わかめ（塩蔵を戻したもの）…… 30g
三つ葉 …… 6本
水 …… 300㎖

Ⓐ
- 塩 …… ひとつまみ
- 薄口醤油 …… 小さじ1
- 酒 …… 小さじ1

黒こしょう …… 適量

**作り方**

**1** あさりは水の中で殻をこすり洗いして表面の汚れを取る。水を替えて2〜3分浸し、水気をきる。

▶▶▶水に浸けて軽く塩抜きすることで、吸いものが塩辛くなりません。

**2** わかめはざく切りにする。三つ葉は3本ずつ束ねて茎を指でつぶし、結んで結び三つ葉を作る。

**3** 鍋に1と分量の水を入れて火にかけ、あさりの口が開いたら2のわかめを入れる。Ⓐで味つけする。

▶▶▶あさりの口が開いたら、火が入った証拠。すぐに仕上げましょう。火を入れすぎると身が堅くなっておいしくありません。

**4** 椀に3を盛り、2の結び三つ葉をのせ、黒こしょうをふる。

▶▶▶あさりやはまぐりの潮汁や沢煮椀など、動物性の旨みを味わう汁ものには、黒こしょうのスッと爽やかな香りがとてもよく合います。

# めかぶとセロリの旨だしがけ

**材料（2人分）**

めかぶ（味のついていないもの）…… 80g
セロリ …… 1本

**旨だし**
- だし汁 …… 150㎖
- 醤油 …… 小さじ5
- みりん …… 小さじ5
- 削り節 …… ひとつまみ

**作り方**

**1** 旨だしの材料を鍋に入れて火にかけ、ひと煮立ちさせる。そのまま冷まし、こす。

**2** セロリを8㎝長さに切ってから薄切りにし、熱湯で1分ゆでる。冷水にとり、水気をきる。

**3** 2とめかぶを和え、器に盛って1の旨だしをかける。

# すしと汁ものの2品献立

かつおの手こねずし／豆乳汁

あまり手をかけたくない日。何品も作らなくても満足感のある献立をご紹介します。

初がつおは5月というイメージがありますが、暦の上では春を迎える2月頃から出ています。この走りのかつおには、まだ脂がのっていない〝淡味〟のよさがあります。透明感があり、かつおそのものの味が楽しめるので、それをシンプルにすしに仕立てていただきます。

すし飯は、薬味ずしに。すし酢を混ぜるときに一緒に薬味を混ぜるだけで、どなたにも食べやすくなります。おすすめですので、この本でご紹介するほかのすし飯もすべて同じです。

すしに合わせるのは、だし汁をとらなくても作れる汁もの。豆乳は非常に旨みが強く、だしになりますが、濃すぎるので水で割ってちょうどよくなります。具には青菜の代表格、小松菜を。いったん湯にくぐらせるひと手間で、すっきりとした風味になり、食べやすくなります。

## 段取りスケジュール

**1時間半前**
- あらかじめできる 米を洗い、浸水させて水気をきる。

**1時間前**
- ご飯を炊き始める。
- あらかじめできる すし酢を作る。

**30分前**
- 炊き上がったご飯ですし飯を作る。
- 手こねずしの具を下ごしらえする。

**15分前**
- 豆乳汁の具を下ごしらえする。

**直前**
- 豆乳汁を作る。
- 手こねずしの仕上げをする。

# 豆乳汁

**材料（2人分）**

小松菜 …… 1株
しいたけ …… 2個
長ねぎ …… ½本

**煮汁**

水 …… 200mℓ
豆乳（成分無調整） …… 100mℓ
薄口醤油 …… 小さじ1
塩 …… 2g

**作り方**

**1** 小松菜は根元を切り落とし、4cm長さに切る。しいたけは軸を取り、長ねぎは斜め切りにする。

**2** 鍋に湯を沸かし、**1**を一緒にざるに入れて80℃の湯に浸け、箸でほぐしながら湯通しする。ざるごと引き上げて、水気をきる。

**3** 別の鍋に煮汁の材料を入れ、**2**を加えて火にかける。沸騰したら火を弱め、1分煮る。

▶▶▶豆乳は旨みが強いので、それだけで〝だし〟になります。ただしそれだけでは濃すぎるので、水で薄めています。

**栄養MEMO**

小松菜はアブラナ科で、アクが少なく、生でも食べられる野菜。栄養も豊富で、カルシウムは牛乳の2倍あり、鉄分やビタミンCも多く、食物繊維やカロテンは野菜の中でも最多級。生のまま4cmに切り、ビニール袋に入れ、空気を抜いて冷凍しておくと便利です。ざるに入れて自然解凍して水気を絞れば、醤油をかけただけでお浸しになります。ゆでずに食べられるので、ビタミンCがこわれません。

# かつおの手こねずし

**材料（作りやすい分量）**

米 …… 2合（360mℓ）
水 …… 320mℓ
かつお（刺身用さく） …… 200g
Ⓐ 醤油 …… 100mℓ
Ⓐ みりん …… 50mℓ
Ⓐ おろししょうが …… 小さじ1
菜の花 …… 12本

**立て塩**

水 …… 200mℓ
塩 …… 3g

**すし酢**

酢 …… 35mℓ
砂糖 …… 25g
塩 …… 10g

**薬味**

しょうが（みじん切り） …… 30g
大葉（粗みじん切り） …… 10枚分
炒り白ごま …… 大さじ2

木の芽・もみのり …… 各適量

**作り方**

**1** 米は洗って水適量（分量外）に15分浸け、ざるに上げて15分おく。

**2** 炊飯器の内釜に**1**と分量の水を入れ、早炊きモードで炊く。

**3** かつおはそぎ切りにする。バットにⒶを混ぜ合わせ、かつおを並べ、途中でひっくり返しながら20分浸す。ペーパータオルで汁気を拭く。

**4** 菜の花は根元の堅い部分を切り落とし、穂先と茎を切り分け、80℃の湯で1分30秒ゆでる。冷水にとって水気を絞る。バットに立て塩の材料を合わせ、菜の花を20分浸し、水気を絞る。

**5** すし酢の材料をよく混ぜ溶かす。

▶▶▶すし酢は多めに作りおくと便利。5〜10倍量をよく混ぜ溶かして清潔な保存瓶に入れ、冷蔵庫に入れておけば3カ月持ちます。

**6** ご飯が炊き上がったら、熱いうちにすし酢と薬味の材料を一緒に混ぜる。バットに広げ、粗熱を取る。

**7** **6**を器に盛り、**3**をのせる。**4**の穂先をのせ、木の芽ともみのりを散らす。

▶▶▶菜の花は、ここでは柔らかい穂先だけを使います。茎は、そのまま漬けもの代わりにしたり、からし醤油をかけたり、お浸しにして、食べきりましょう。

手こねずしは、すしの原風景だと思っています。というのも、すしとは本来、味つけした具をのせるもの。下味がついているからこそ、口の中で、味のついたすし飯となじんでくれるわけです。生の刺身をのせるのではないんですよ。

# 魚介の具だくさん丼献立

## 海鮮丼／油揚げとうるいの煮浸し

　ご家庭ならではの、簡単に作れる絶品丼をご紹介しましょう。来客のときのランチにもぴったりです。

　海鮮丼というと、常温のすし飯に刺身をのせるという方も多いでしょう。でも生の魚を本当においしく味わうなら、温かい白いご飯がいちばん。ご飯の熱でほんのり脂がゆるんで、旨みが強く感じられるからです。ただこれは、すし飯を仕込んでおく必要がなく、食べる直前に作れるご家庭だからできること。家庭料理ならではの醍醐味です。仕上げにかけるごまだれの香りで食べごたえ充分です。

　海鮮丼がごちそうなので、お浸しを添えるだけで献立としては充分。より満足感を出すため、春の山菜を使った煮浸しを合わせましょう。山菜の苦みと油揚げのコクがよく合います。煮浸しは作りおきできるので、電子レンジで温め直してもいいですし、少し暑い日なら冷たいままでもおいしいです。

### 段取りスケジュール

**1時間前**

あらかじめできる　**米を洗い、浸水させて水気をきる。**

作りおきできる　**煮浸しの材料を下ごしらえし、煮て、火を止めておく。**

**30分前**

**ご飯を炊き始める。**

**海鮮丼の具の準備をする。**

**直前**

**ごまだれを作る。**

**海鮮丼の仕上げをする。**

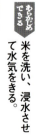

# 海鮮丼

**材料（2人分）**

ご飯（温かいもの）…… 400g
まぐろ（刺身用さく）…… 100g
いかの胴（開いたもの）…… 60g
帆立貝柱 …… 2個
海老 …… 2尾
いくら …… 大さじ3
三つ葉 …… 6本

**ヅケ醤油**
　醤油 …… 100mℓ
　みりん …… 50mℓ

炒り白ごま …… 大さじ4
もみのり・わさび …… 各適量

**作り方**

1 ヅケ醤油の材料を耐熱容器に入れ、電子レンジで40秒加熱して冷まし、バットに入れる。

2 まぐろをそぎ切りにし、1に並べる。途中でひっくり返しながら15分浸け、引き上げる。

3 いかは表面に鹿の子に切り目を入れ、食べやすい大きさに切る。帆立貝柱は手で4つに裂く。三つ葉を3cm長さに切る。

4 3を一緒にざるに入れ、70℃の湯に30秒浸け、箸でほぐす。冷水にとって水気を拭き取る。

5 海老は竹串で背わたを取り、水から火にかけ、70℃で5～6分ゆでる。冷水にとり、殻をむく。

▶▶▶海老はこの方法でゆでると、冷めても堅くなりません。すぐに食べるなら、熱湯で30秒ほどゆでてもOK。

6 白ごまは半ずりにし、2のヅケ醤油に混ぜ、ごまだれを作る。

7 丼に温かいご飯を盛り、2のまぐろと4の魚介、5、いくらをのせる。6を全体に適量かけ、三つ葉ともみのりを散らし、わさびをのせる。

▶▶▶この本では開いたいかの胴を何回か使います。開いたものを買ってもいいですが、丸ごと1ぱいからのさばき方も、下にご紹介します。

# 油揚げとうるいの煮浸し

作りおき　冷蔵庫で3日

**材料（2人分）**

うるい …… 3本
油揚げ …… ½枚

**煮汁**
　だし汁 …… 300mℓ
　薄口醤油 …… 小さじ2
　みりん …… 小さじ1

**作り方**

1 油揚げは熱湯に浸して油抜きをし、水分を絞る。横半分に切って細切りにする。

2 鍋に煮汁の材料と1を入れ、2分ほど煮る。

▶▶▶煮浸しの地の配合は、だし汁30：薄口醤油1：みりん0.5。そのまま飲める濃さで、だしがきいて、ほんのり甘さもある味わいです。

3 うるいを4cm長さに切って2に入れ、さっと混ぜて火を止め、煮汁に浸したまま冷ます。

**栄養MEMO**

うるいは昔は薬として使われ、煎じると利尿に効くとされていました。煮浸しのほか、ごま和えなどの和えもの、二杯酢やマヨネーズをつけて食べたり、天ぷらにしてもおいしいです。魚介や肉の煮ものの付け合わせ、炒めものにもどうぞ。

## 覚えておきたい いかのさばき方

1 まず、胴の内側に沿って指を入れ、つなぎ目をはずす。

2 ゲソ（足）を内臓ごとそっと引き抜き、ゲソと肝を切り離し、墨袋をそっと取り除く。

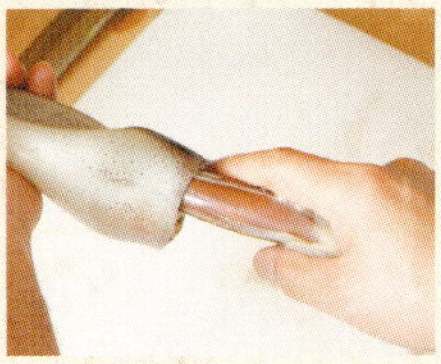

3 ゲソは包丁で切り開き、目の周りに切り目を入れ、水を入れたボウルの中で目を取り、くちばしは手で取る。

4 胴の中にある軟骨を引き抜き、エンペラ（三角形の部分）と胴の間に指を入れ、エンペラを持ってゆっくり引っ張りながら皮をはがす。切り目を入れて、開いておく。

# 簡単にすませたいときの丼献立

あさり丼／もずくの吸いもの／かぶの梅肉和え

この時季においしいあさりをご飯と汁ものの両方に使った、とても簡単に作れて、春の味を堪能できる献立です。ランチにもぴったりです。

あさり丼は、薄口醤油のみで、春らしい軽やかな味つけに。食べると貝の旨みや潮の味に、黒こしょうのスッとした香りとわけぎの青い香りが広がって、ご飯とからませながら食べるととてもおいしいです。こしょうは、室町時代から日本にあった香辛料。だから和食にもなじみますし、あさりの他にも、はまぐりなどの貝類、豚肉などにもよく合いますので、ぜひ使ってみてください。

貝の旨みを引き立てるには、辛みと酸味が効果的。そのためあさり丼には黒こしょうを、副菜には梅肉を合わせて味のバランスをとります。副菜では〝淡味〟のおいしさを持つかぶを梅肉で和え、シンプルに仕立てます。かつお節も一緒に混ぜると、まろやかになります。

## 段取りスケジュール

**1時間前**（あらかじめできる）
米を洗い、浸水させて水気をきる。

**30分前**
ご飯を炊き始める。
あさり丼のあさりの下ごしらえをし、身を取り出す（煮汁は吸いもの用にとっておく）。
あさり丼の具を下ごしらえする。
吸いものの具を下ごしらえする。

**15分前**
梅肉和えの具を下ごしらえし、梅肉を作る。

**10分前**
あさり丼を作る。
吸いものを作る。

**直前**
梅肉と具を和える。

## かぶの梅肉和え

**材料（2人分）**

かぶ（葉つき）……1個
塩……小さじ1
梅干し……1個
醤油……小さじ1
削り節……3g

**作り方**

1 かぶは付け根から葉を切り落とし、葉は刻み、かぶの身は半月切りにする。一緒にボウルに入れて塩をまぶし、5分おく。手でもんでしんなりしたら、塩気が残る程度に洗い、水気を絞る。

2 梅干しは種を取って包丁で叩き、醤油と混ぜ合わせる。

3 削り節を鍋で軽くから煎りして冷まし、手で握るようにして粗めにつぶす。

4 1と2を和えて器に盛り、3を散らす。

**栄養MEMO**

かぶは日本最古の栽培根菜で、春の七草の「すずな」はかぶのこと。アブラナ科なので、熱湯ではなく、70～80℃の湯でゆでてみてください。香りがさえ、持ち味が生きます。小松菜と同様にカルシウムが多く、常食したい野菜です。

5 あさりの身を加え、薄口醤油を鍋肌から回し入れ、全体をからめるように炒め合わせる。

▶▶▶味つけは薄口醤油のみ。軽やかで素材の味が存分に味わえますよ。

6 丼にご飯を盛り、もみのりを散らし、5をのせる。

▶▶▶1品でお腹が満たされるよう、ご飯は1人分200gと多めです。お好みで減らしてもいいでしょう。

## もずくの吸いもの

**材料（2人分）**

もずく（味のついていないもの）……60g
絹ごし豆腐（半分に切る）……¼丁分
あさりの煮汁（右記）……300mℓ
Ⓐ 薄口醤油……小さじ1
Ⓐ 酒……小さじ1
万能ねぎ（小口切り）……少量

**作り方**

1 鍋にあさりの煮汁、豆腐、もずく、Ⓐを入れて火にかける。

2 ひと煮立ちしたら椀に入れ、万能ねぎをのせる。

## あさり丼

**材料（2人分）**

ご飯（温かいもの）……400g
あさり（殻つき、砂抜きしたもの）……200g
しらたき（5cm長さに切る）……80g
わけぎ（3cm長さに切る）……3本分
水……400mℓ
昆布（5×5cm角）……1枚
サラダ油……小さじ1
黒こしょう……少量
薄口醤油……小さじ1
もみのり……1枚分

**作り方**

1 水の中であさりの殻をこすり洗いして汚れを落とす。水を替えて2分浸し、ざるに上げる。

2 鍋に分量の水と昆布を入れ、1を入れて火にかける。あさりの口が開いたらアクをすくい、ざるでこす（煮汁は吸いもの用にとっておく）。あさりの身を殻から取り出す。

3 しらたきはゆで、ざるに上げる。

4 フライパンにサラダ油を熱し、3を水分を飛ばすように炒める。わけぎを加え、黒こしょうをふる。

▶▶▶黒こしょうは、室町時代にはすでに日本にあった香辛料で、私は貝や豚肉などの料理に使います。香りのよさに加え、さまざまな旨みのまとめ役になり、白いご飯がすすみますよ。

# ランチにも向くうどん献立

## 春の五目うどん／こんにゃくとにらの酢味噌がけ

ランチはさっとすませたいけど満足感はほしい、という方におすすめの献立です。

メインは五目うどん。たけのこや菜の花、わかめなど、黄色と緑の春らしい色彩の春を代表する具材がたっぷりのったこの料理。簡単ですから、ぜひ一度作ってみてください。

旨みたっぷりの春のあさりを昆布と一緒に水から煮ることで、具とだしが一度に作れます。大切なのは、あさりが口を開いたらすぐにこすこと。火を入れすぎると身が堅く締まっておいしくありません。

副菜にするのは、酢味噌がけ。こんにゃくとにらを酢味噌で和えながらいただく〝ぬた〟です。春のにらは柔らかくて香りもマイルド。こんにゃくとともに体内でアルカリ性になる食品ですから、酸性食品のうどんと一緒に食べると中和され、バランスがとてもよくなります。こんにゃくとにらは、同じ湯でゆでられて、とても楽です。

### 段取りスケジュール

**30分前**

五目うどんの具を下ごしらえする。

こんにゃくとにらを下ごしらえする。

あらかじめできる　酢味噌を作る。

**10分前**

五目うどんを作る。

**直前**

酢味噌がけを仕上げる。

## こんにゃくとにらの酢味噌がけ

**材料（2人分）**

こんにゃく …… ½枚
にら …… ½束

**酢味噌**

味噌 …… 30g
酢 …… 大さじ1
砂糖 …… 大さじ1
水 …… 大さじ1
みりん …… 小さじ1
酒 …… 小さじ1

**作り方**

**1** 酢味噌の材料を小さめの耐熱容器に入れて混ぜ、電子レンジに30〜40秒かけ、再び混ぜてから冷ます。

▶▶▶冷蔵庫で1週間ほど日持ちするので、あらかじめ作っておくと便利です。

**2** こんにゃくは5mm幅に切って水からゆで、沸いたらざるに上げる。同じ湯でにらをゆで、こんにゃくと同じ長さに切る。

**3** **2**を器に盛り、**1**をかける。

## 春の五目うどん

**材料（2人分）**

うどん（ゆで） …… 2玉
あさり（殻つき、砂抜きしたもの） …… 300g
たけのこ …… 60g
菜の花 …… 4本
うど …… 4cm
わかめ（塩蔵を戻したもの） …… 30g
水 …… 600mℓ
昆布（10×10cm角） …… 1枚
薄口醤油 …… 大さじ2
酒 …… 小さじ2
おろししょうが …… 適量

**作り方**

**1** あさりは水の中で殻をこすり洗いする。水を替えて3分ほど浸け、ざるに上げる。

**2** **1**を鍋に入れる。分量の水と昆布も入れ、中火にかける。あさりの口が開いたら火を止め、こして煮汁とあさりを分け、あさりは殻から身を取り出す。

▶▶▶取り出すときに出た汁は、煮汁に加えてください。

**3** わかめは5cm長さに切る。たけのこは薄切りにし、アクを抜く（➡p.63。ゆでたけのこでもよい）。菜の花は根元の堅い部分を切り落とし、5cm長さに切ってさっとゆで、冷水にとって水気をきる。うどは皮をむき、縦半分に切って水にさらし、水気をきる。

**4** 鍋に**2**の煮汁と薄口醤油、酒、うどんを入れて火にかけ、温める。

**5** 仕上げに**3**とあさりの身を加えて温め、器に盛り、おろししょうがをのせる。

▶▶▶あさりの身は火が入りすぎると堅くなっておいしくないので、仕上げに加えて温めるだけにしましょう。

ほかにもある

春のランチに向く一品

## 鮭のチーズ焼きおにぎり

簡単にすませたい日の昼ごはんには、五目うどんをおにぎりに替えても。鮭の塩気とチーズのコクで、食べごたえ充分です。

**材料（2人分）**

ご飯（温かいもの） …… 300g
塩鮭 …… 1切れ
スライスチーズ …… 4枚
炒り白ごま …… 大さじ2
塩 …… 少量
卵黄 …… 2個
木の芽（刻む） …… 10枚分

**作り方**

**1** 塩鮭を焼き、皮と骨を取り除いてほぐす。

**2** ご飯に**1**、白ごま、塩を混ぜ、4等分して三角のおにぎりを作る。

**3** 温めておいた魚焼きグリルで、**2**を両面とも焼き色がつくまで焼く。さらにスライスチーズを片面にのせ、焼く。

**4** チーズが溶けかけたら、溶いた卵黄をはけで塗り、再びグリルに入れて乾かす。これを2〜3回くり返し、木の芽を散らす。

# 献立を豊かにする春の料理

主菜

水ぬるむ頃においしくなる貝や魚。
淡味のおいしさを味わいましょう。

上品な白身魚に
春の香りをまとわせて

## いさきの木の芽焼き

**材料（2人分）**

いさき（50gの切り身）…… 4切れ
木の芽 …… 20枚
塩 …… 適量

**若狭地**

酒 …… 大さじ2
薄口醤油 …… 大さじ1

しょうがの甘酢漬け …… 適宜

**作り方**

**1** いさきの両面に塩をまぶして30分おき、水で洗って水気を拭き取る。

▶▶▶いさきの他に、鯛やさわらでもおいしく作れます。

**2** 木の芽を包丁で叩き、若狭地の材料と合わせる。

▶▶▶酒を使った地は、甘鯛の若狭焼きに使われることから、「若狭地」といいます。「木の芽」は立春から立夏の間に使う言葉。その他の時季は、「葉山椒」と呼ぶのがならわしです。

**3** 温めておいた魚焼きグリルに**1**を入れ、焼き始める。ある程度焼けたら、はけで**2**を塗り、再び焼く。これを2～3回くり返しながら、両面を焼き上げる。

**4** 器に盛り、お好みでしょうがの甘酢漬けを添える。

走りの軽やかな味わいのかつおを
甘い春キャベツとともに

## かつおとキャベツのたたき

**材料（2人分）**

かつお …… 200g
キャベツ …… 100g
にら …… 3本

**たれ**（作りやすい分量、適量使用）
だし汁 …… 100㎖
梅肉 …… 20g
醤油 …… 大さじ½
酢 …… 大さじ½
**水溶き片栗粉**
片栗粉 …… 小さじ1
水 …… 小さじ2

塩 …… 適量

**作り方**

1 キャベツは堅めにゆで、軸の堅い部分を取り除く。細かく刻んで水気を絞る。にらはゆでて刻む。

2 鍋にだし汁、梅肉、醤油、酢を入れて火にかけ、煮立ったら水溶き片栗粉の材料を混ぜて加え、全体に混ぜてとろみをつける。冷ましておく。

3 かつおは皮目に多めの塩をふる。焼き網を強火で熱し、皮目を下にしてのせ、皮が焼けたら転がし、身は全体にさっと焼く。

4 温かいうちに切って器に盛り、1を添えて、2を適量かける。

▶▶▶ほの温かい状態だと、脂がゆるんでとてもおいしいです。

---

低温でゆでた上品なやりいかと
ほろ苦い菜の花で春を味わいます

## やりいかそうめん

**材料（2人分）**

やりいか …… 1ぱい
わかめ（塩蔵を戻したもの）…… 50g
菜の花 …… 6本

**旨だし**
だし汁 …… 150㎖
醤油 …… 小さじ5
みりん …… 小さじ5
削り節 …… 2g

わけぎ（小口切り）…… 1本分
おろししょうが …… 小さじ1

**作り方**

1 鍋に旨だしの材料を入れてひと煮立ちさせ、そのまま冷まし、こす。

2 やりいかはさばき（➡p.43）、胴は50℃の湯で15〜20秒洗い、冷水にとって水気を拭く。7〜8㎝長さの細切りにする。ゲソは食べやすい大きさに切り、熱湯でさっとゆでて、冷水にとる。

▶▶▶いかの胴は70℃ぐらいの湯にくぐらせると、生のフレッシュ感を残しながらすっきりした味わいになって、食べやすくなります。

3 80℃の湯で菜の花を2分ゆで、冷水にとって水気を絞り、長さを半分に切る。わかめは7㎝長さに切る。

4 器にわかめ、やりいかの胴とゲソ、菜の花の順に盛り、1をかける。わけぎとおろししょうがをのせる。

贅沢に一尾魚を煮つけ、
前盛りには春の素材で季節感を

# めばるの煮つけ

**材料（2人分）**

めばる …… 2尾
たけのこ …… ½本（60g）
ごぼう …… 1本
しいたけ …… 2個
絹さや …… 4枚

**煮汁**

水 …… 200mℓ
だし汁 …… 200mℓ
酒 …… 200mℓ
醤油 …… 100mℓ
みりん …… 100mℓ
砂糖 …… 30g

木の芽 …… 適量

**作り方**

**1** めばるはウロコと内臓を取り、塩水（分量外）で洗う。めばるの表面に×の切り目を入れ、80℃の湯に浸け、胸ビレが立ったら冷水にとり、水気を拭き取る。

▶▶▶ウロコと内臓は、スーパーなどの鮮魚売り場で取ってもらうとよいでしょう。

**2** たけのこは皮をむき、横半分に切って4等分にし、アクを抜く（➡p.63。ゆでたけのこでもよい）。

**3** ごぼうはたわしでよく洗って、皮つきのまま5cm長さに切ってから縦半分に切り、包丁の背で叩いて割れ目を入れ、水でさっと洗う。しいたけは軸を取り、絹さやは筋を取ってさっとゆでる。

▶▶▶ごぼうは割れ目を入れると味がしみ込みやすく、また食べやすくなります。

**4** 鍋に煮汁の材料と1、2、3のごぼうとしいたけを入れ、落としぶたをして火にかける。沸騰したら5分煮てめばるを取り出し、煮汁を煮詰める。めばるを戻し、弱火にして5分煮る。

**5** 器に盛り、3の絹さやと木の芽を飾る。

春が旬のめばるは〝筍《たけのこ》めばる〟とも呼ばれます。煮すぎるとパサついて旨みが損なわれるので、煮る時間を10分にして、煮魚の旨さを感じてください。

旨みが凝縮した自家製なまり節が〝だし〟。
ふきのほろ苦い風合いで滋味深い味に

# かつおのなまり節と たけのこの煮もの

**材料（2人分）**

かつお（50gの切り身）…… 4切れ
たけのこ …… 1本（150g）
ふき …… 1本
木の芽 …… 10枚
塩 …… 適量

**煮汁**

水 …… 400mℓ
酒 …… 100mℓ
薄口醤油 …… 小さじ5
昆布（5×5cm角）…… 1枚

**作り方**

1 かつおは両面に塩をふり、30分おく。水洗いしてバットに並べ、蒸し器で5分蒸す。

▶▶▶蒸し汁には臭みが出ているので、使いません。

2 たけのこは皮をむき、2cm厚さの輪切りにし、アクを抜く（➡p.63。ゆでたけのこでもよい）。

3 ふきは鍋に入る大きさに切り、多めの塩をまぶして板ずりする。熱湯で2分ゆで、冷水にとって皮をむき、5cm長さに切る。

4 鍋に煮汁の材料と2を入れて火にかけ、沸騰したら弱火で15分煮る。1と3を入れて2分煮る。

5 器に煮汁ごと盛り、木の芽をのせる。

---

カリッと揚げて身はしっとり、
かれいの旨みを大根おろしでさっぱりと

# かれいの煮おろし

**材料（2人分）**

かれい …… 2尾
大根おろし（汁気を絞ったもの）…… 100g
せり …… 3本
うど …… 10cm
小麦粉・揚げ油 …… 各適量

**煮汁**

だし汁 …… 300mℓ
薄口醤油 …… 50mℓ
みりん …… 50mℓ

七味唐辛子 …… 適宜

**作り方**

1 うどは5cm長さに切り、せん切りにする。せりは3cm長さに切る。

2 かれいはウロコと内臓を取り、塩水（分量外）で洗う。水気を拭き取り、中骨に沿って身の真ん中に切り目を入れる。裏側も同様に切る。

▶▶▶ウロコと内臓は、スーパーなどの鮮魚売り場で取ってもらうとよいでしょう。

3 2に小麦粉をまぶし、170℃に熱した揚げ油に入れ、表面がカリッとする程度に揚げる。

4 鍋に煮汁の材料と3を入れて火にかけ、沸騰したらさらに1分煮る。かれいを取り出して器に盛る。

5 煮汁に大根おろし、1のうどとせりを入れ、沸いたらかれいにかける。お好みで七味唐辛子をふる。

ふっくらと身の太ったあさりを山菜とともに蒸した、
この時季だけの味

# あさりの酒蒸し

### 材料（2人分）

あさり（殻つき、砂抜きしたもの）……500g
キャベツ……70g
ふき……2本
うど……10cm
酒……100mℓ
薄口醤油……大さじ1

### 作り方

**1** あさりは水の中で殻をこすり洗いして汚れを落とす。水を替えて3分ほど浸け、水気をきる。

▶▶▶あさりは3分ほど塩抜きすると、しょっぱすぎることがなく、味も決まりやすくなります。

**2** キャベツは軸を取り除き、5cm角に切る。ふきは鍋に入る大きさに切り、多めの塩（分量外）をまぶして板ずりし、熱湯で2分ゆで、冷水にとって皮をむき、水気をきって5cm長さに切る。うどは皮をむき、長さを半分にし、縦4等分に切る。

**3** 鍋に酒と**1**、**2**を入れ、ふたをして中火にかけ、蒸し煮にする。

**4** あさりの口が開き、野菜に火が通ったら、薄口醤油で味をととのえる。器に蒸し汁ごと盛る。

### 栄養MEMO

あさりは低脂肪、低カロリーで、エネルギー源のグリコーゲンも含む健康食材。コハク酸を多く含むので旨みも豊富。酒蒸しの蒸し汁もとてもおいしいです。太古の昔から日本の栄養食であるあさりを、ぜひ積極的に食べましょう。

吸いもの代わりにもなる
魚が主役の具だくさん小鍋

# さわらのわかめ鍋

材料（2人分）

さわら（90gの切り身）…… 2切れ
わかめ（塩蔵を戻したもの）…… 60g
うど …… 10cm
長ねぎの青い部分 …… $\frac{1}{2}$本分
絹さや …… 10枚
しょうが（せん切り）…… 10g
塩 …… 適量

煮汁
水 …… 600mℓ
薄口醤油 …… 40mℓ
酒 …… 40mℓ

作り方

**1** さわらは両面に薄く塩をまぶして30分おく。

**2** 熱湯にくぐらせ、うっすら白くなったら冷水にとって水気を拭く。それぞれ半分に切る。

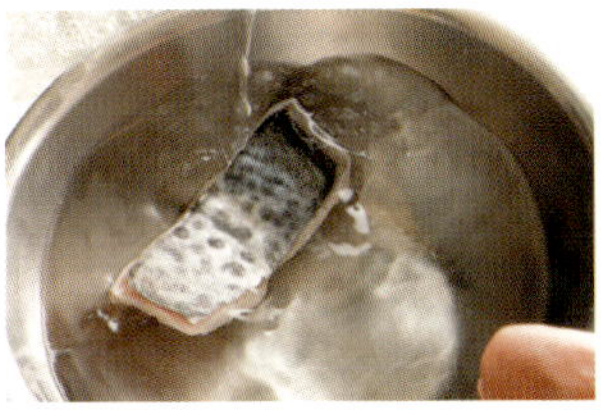

**3** わかめは7cm長さに切る。うどは皮をむき、長さを半分に切り、縦4等分にする。長ねぎは4cm長さに切る。絹さやは筋を取り、さっとゆでる。

**4** 鍋に煮汁の材料と**2**、**3**のわかめとうどを入れ、火にかける。

**5** 沸騰したらアクを取り、長ねぎと絹さやを加え、再び煮立ったらしょうがを入れる。

さわらは、漢字で「魚へんに春」と書くように旬は春ですが、秋や冬も身が柔らかく美味。切り身を買うときは、切った面が身割れしておらず、光沢があり、血合いが黒ずんでなく、赤みを帯びたものを選びましょう。

# 副菜

苦み、香りの個性あふれる春の食材を生かした、季節の小さな料理をご紹介。

春に出る柔らかいにらを
油揚げとともにシンプルに

## にらのお浸し

**材料（2人分）**

にら……1束
油揚げ……1枚

**浸し地**
だし汁……100㎖
醤油……小さじ4

おろししょうが……小さじ1

**作り方**

**1** にらはゆでて5㎝長さに切る。

**2** 油揚げは温めておいた魚焼きグリルでゆっくり、こんがりと焼き、5㎝長さの細切りにする。

**3** 器に**1**と**2**を盛り合わせる。浸し地の材料を混ぜ合わせてかけ、おろししょうがをのせる。

---

苦みが持ち味の山菜が
少し甘みの勝った酢味噌と調和

## うるいの酢味噌がけ

**材料（2人分）**

うるい……4本

**酢味噌**
味噌……30g
酢……大さじ1
砂糖……小さじ2

**作り方**

**1** 酢味噌の材料を耐熱容器に入れて混ぜ合わせ、電子レンジで15秒加熱し、再び混ぜて冷ます。

**2** うるいは根元の堅い部分に縦十字に切り目を入れる。熱湯に根元を30秒浸し、さらに葉も浸して30秒ゆで、冷水にとって水気を絞り、5㎝長さに切る。

**3** **2**を器に盛り、**1**をかける。

青い香りと独特のぬめりが醍醐味のわらび。
だしの旨みと油揚げのコクで引き立ちます

## わらびと油揚げの煮浸し

作りおき　冷蔵庫で3日

**材料（2人分）**

わらび …… 10本
油揚げ …… 1枚

**わらびのゆで汁**

熱湯 …… 1ℓ
重曹 …… 大さじ2
塩 …… 大さじ2

**煮汁**

だし汁 …… 150mℓ
薄口醤油 …… 大さじ1
酒 …… 大さじ½

**作り方**

1 わらびはアクを抜いておく（➡p.63）。

2 鍋に熱湯、重曹、塩を入れ、1を入れて2分ゆでる。冷水にとり、4cm長さに切る。

3 油揚げは熱湯に浸けて油抜きをし、水気を絞ってフードプロセッサーで細かくする（細かく刻んでもよい）。

4 鍋に煮汁の材料と3を入れてひと煮立ちさせる。2を入れて火を止め、浸けたまま冷まし、味を含ませる。

---

ほろ苦さ際立つ春の味は、
漬けもの代わりにもなる小鉢で

## 菜の花の昆布じめ

**材料（2人分）**

菜の花 …… 1束
長ねぎ（みじん切り） …… 30g
昆布（12×12cm角） …… 2枚
和がらし …… 小さじ1
塩 …… 適量

**加減酢**

だし汁 …… 大さじ1
醤油 …… 大さじ1
酢 …… 大さじ1

**作り方**

1 菜の花を80℃の湯に浸けて1分〜1分30秒ゆで、冷水にとり、水気を絞る。

2 昆布を布巾で軽く拭き、1をのせ、塩を軽くふる。もう一枚の昆布をかぶせ、重しをして1時間おく。

3 加減酢の材料を耐熱容器に入れ、電子レンジに10秒かけ、冷ましておく。

4 2のかぶせた昆布を菜の花からはずし、下に敷いた昆布ごと半分に切って器に盛り、長ねぎ、和がらしを添える。

▶▶▶はずした上の昆布は細かく刻んでポン酢醤油に浸けて、食べきりましょう。ご飯のおともにしたり、ゆでた青菜と和えて簡単お浸しにしてどうぞ。

5 4に3をかけ、からしを混ぜながら食べる。

▶▶▶お好みで、和がらしの代わりにしょうがやわさびでもおいしいです。

こごみならではのシュクッとした歯ごたえを
コク深いくるみ衣とともに

## こごみのくるみ和え

**材料（2人分）**

こごみ …… 6本

**立て塩**

- 水 …… 100mℓ
- 塩 …… 1.5g
- 昆布（3.5×3.5cm角）…… 1枚

**和え衣**

- くるみ …… 30g
- 砂糖 …… 小さじ1
- 薄口醤油 …… 小さじ½

**作り方**

1. こごみは茎を3cm長さに切り、熱湯で1分ゆでて冷水にとり、水気をきる。
2. 立て塩の材料を混ぜ合わせ、1を20分浸す。
3. 和え衣のくるみはフライパンで炒り、薄皮を大まかに取る。フードプロセッサーにかけてペースト状にし、砂糖、薄口醤油も入れて混ぜる（すり鉢ですってもよい）。
4. 2の水気を絞り、3と和える。

---

シャキッとした歯触りがおいしいセロリは
強火でサッと味をからませるのがポイント

## セロリのきんぴら

作りおき　冷蔵庫で3日

**材料（2人分）**

- セロリの茎 …… 100g
- セロリの葉 …… 25g
- にんじん …… 30g
- サラダ油 …… 小さじ1
- Ⓐ 酒 …… 大さじ2
- Ⓐ 薄口醤油 …… 大さじ2
- Ⓐ 砂糖 …… 大さじ1
- 炒り白ごま …… 適量

**作り方**

1. セロリの茎は3.5cm長さ、2cm幅に切り、セロリの葉はざく切りにする。にんじんも3.5cm長さの短冊に切る。
2. フライパンを熱してサラダ油を入れ、セロリの茎を炒める。透明になってきたら、セロリの葉とにんじんを加える。
3. Ⓐを混ぜて2に回しかけ、強火にして味をからませる。
4. 器に盛り、白ごまをふる。

ふきの風味豊かな、姿も美しい一品。
ごま風味の甘味噌がからんで、
酒の肴にもぴったり

## ふきのいかだ焼き

**材料（2人分）**

ふき …… 2本

**甘味噌**

- 味噌 …… 30g
- 砂糖 …… 5g
- 炒り白ごま …… 3g

**作り方**

**1** ふきは鍋に入る大きさに切り、多めの塩（分量外）をまぶして板ずりする。熱湯で3分ゆで、冷水にとって皮をむき、5cm長さに切る。

**2** いかだのように並べて竹串に刺し、温めておいた魚焼きグリルで焼く。

**3** 甘味噌の材料を混ぜ合わせ、**2**の上に塗り、グリルで軽く焼き目をつける。

---

ほのかに酸味が効いた〝温かいサラダ〟。
新じゃがは皮つきで使うのが、おいしいコツ

## そら豆と新じゃがのサラダ

**材料（2人分）**

- 新じゃが …… 中1個（70g）
- そら豆 …… 16粒（50g）
- ブロッコリー …… 50g
- 長ねぎ（みじん切り）…… 50g
- ごま油 …… 小さじ1
- 酢 …… 大さじ1
- 塩 …… 小さじ1
- 黒こしょう …… 少量

**作り方**

**1** じゃがいもはよく洗い、皮つきのまま8等分に切って堅めにゆでる。

▶▶▶普通のじゃがいもでも作れます。そのときは皮をむきましょう。

**2** そら豆は薄皮をむき、ゆでてざるにとり、あおいで冷ます。ブロッコリーは小房に分けてゆで、水気をきる。

**3** フライパンを熱してごま油を入れ、ねぎを炒め、酢を加えて軽く味がなじんだら**1**を入れ、からませる。

**4** **2**を加えて混ぜ、塩、黒こしょうで味をととのえる。

手早く炒めて、火を通しすぎず、
帆立の甘みと豆の風味を生かします

# えんどう豆と貝柱の炒り玉

**材料（2人分）**

えんどう豆（さやつき）…… 70g

**えんどう豆のゆで汁**
- 湯 …… 1ℓ
- 塩 …… 大さじ2
- 重曹 …… 小さじ1

帆立貝柱 …… 3個
玉ねぎ（みじん切り）…… 30g
サラダ油 …… 小さじ1

**卵液**
- 卵 …… 1個
- 薄口醤油 …… 小さじ1
- 黒こしょう …… 小さじ1

**作り方**

1 えんどう豆はさやから取り出す。鍋に湯を沸かし、塩、重曹を入れ、えんどう豆を入れる。弱火で30秒ゆでたら火を止め、冷めるまでそのままおき、水で洗う。

2 帆立貝柱は手で縦に8つに裂く。卵液の材料は混ぜ合わせる。

▶▶▶帆立は包丁で切らず、手で裂くと表面積が広がって旨みが強く感じられます。

3 フライパンを熱してサラダ油を入れ、玉ねぎと帆立貝柱を炒める。ある程度火が通ったら、1を入れ、卵液を回し入れ、火が通りすぎないように手早くからませる。

---

柔らかいいかと歯切れよいスナップえんどうに、
爽やかなしょうがの香りがアクセント

# スナップえんどうのいかしょうが炒め

**材料（2人分）**

スナップえんどう …… 70g
いかの胴（開いたもの）…… 100g
しょうが（せん切り）…… 15g
ごま油 …… 小さじ1
塩 …… 小さじ1
黒こしょう …… 少量
炒り白ごま …… 大さじ1

**作り方**

1 スナップえんどうは筋を取り、歯ごたえが残る程度にゆでて、冷水にとって水気をきる。

2 いかは鹿の子に切り目を入れ、1cm幅、6cm長さに切る。

3 フライパンにごま油を熱し、1と2、しょうがを炒め、塩、黒こしょうで味をととのえ、白ごまをふる。

▶▶▶いかは火を通しすぎると堅くなっておいしくないので、さっと手早く炒めましょう。

調味料はいかの塩辛だけ。
みずみずしいかぶにからまってバランスよし

## かぶの塩辛炒め

**材料（2人分）**

かぶ（葉つき）……2個
いかの塩辛……50g
サラダ油……小さじ1
酒……大さじ2

**作り方**

**1** かぶは茎を2cm残して葉を切り落とす。身は皮つきのまま縦8等分に切り、水で洗い、水気をきる。葉は5cm長さに切る。

**2** フライパンを熱してサラダ油を入れ、かぶの身を焼き目がつく程度に炒める。酒をふり、かぶの葉といかの塩辛を入れ、手早く味をからませる。

▶▶▶いかの塩辛は、加熱するといい香りが立って、旨みも強くなるので便利な調味料になりますよ。

---

淡くやさしい2種のいもに
濃厚な味噌をからませた、酒肴にも向く一品

## 新じゃがと長いもの味噌炒め

**材料（2人分）**

新じゃが……中1個（80g）
長いも……80g
わけぎ……2本
サラダ油……小さじ1
Ⓐ 味噌……30g
Ⓐ 酒……大さじ2
Ⓐ 砂糖……10g

**作り方**

**1** じゃがいもはよく洗い、皮つきのまま8等分に切ってゆで、水気をきる。

**2** 長いもは皮をむき、じゃがいもと同じ大きさに切る。わけぎは3cm長さに切る。

**3** Ⓐを混ぜ合わせる。

**4** フライパンを熱してサラダ油を入れ、**1**を炒める。**2**を加え、長いもに半分火が通ったところで**3**を加え、味をからませる。

香りの強い春先の
パセリを刻んで玉子焼きに。
黄色と緑の色彩も春らしさを誘います

# パセリの玉子焼き

**材料（2人分）**

卵 …… 2個
パセリ …… 30g
麩（乾燥） …… 10g
水 …… 大さじ2
砂糖 …… 大さじ1
薄口醤油 …… 大さじ½
サラダ油 …… 適量

**作り方**

**1** 麩はすりおろし、粉末にしておく。

**2** パセリは葉をちぎり、80℃の湯で1分ゆでる。冷水にとって水気を絞り、刻む。

**3** ボウルに卵と水を入れて溶き、砂糖、薄口醤油、**1**、**2**を混ぜ合わせる。

**4** ペーパータオルにサラダ油を浸し、玉子焼き鍋全体になじませて火にかける。

**5** **3**の半量を流し入れて全体に行き渡らせ、向こうから手前に巻く。箸で向こう側に寄せ、ペーパータオルでサラダ油を鍋全体になじませる。残りの卵液を鍋に入れ、玉子焼きを箸で持ち上げて下にも卵液を行き渡らせる。同様に手前に巻いて、焼き上げる。

**6** 切り分けて器に盛る。

---

油のコクでいっそうおいしくなった
山菜を塩でシンプルに

# たらの芽とこしあぶらの天ぷら

**材料（2人分）**

たらの芽 …… 6個
こしあぶら …… 6本
小麦粉 …… 適量

**天ぷら衣**
水 …… 70mℓ
小麦粉 …… 50g

揚げ油・塩 …… 各適量

**作り方**

**1** たらの芽は根元の堅い部分に縦十字に切り目を入れる。こしあぶらとともに小麦粉をまぶす。

**2** 天ぷら衣の材料を混ぜ合わせる。

**3** **2**に**1**をつけ、170℃に熱した揚げ油に入れ、からりと揚げる。油をきって器に盛り、塩をふる。

海老の旨みたっぷりの
なめらかな煮汁をからませながら
春の風味をいただきます

## ふきと海老の葛煮

**材料（2人分）**

ふき …… 100g
海老 …… 6尾
水 …… 300mℓ
薄口醤油 …… 大さじ1
昆布（10×10cm角）…… 1枚

**水溶き片栗粉**
片栗粉 …… 大さじ1
水 …… 大さじ2

木の芽 …… 適量

**作り方**

**1** ふきは鍋に入る大きさに切り、多めの塩（分量外）をまぶして板ずりし、熱湯で3分ゆでる。冷水にとって皮をむき、5cm長さに切る。水溶き片栗粉の材料を混ぜ合わせる。

**2** 海老は殻つきのまま竹串で背わたを取り、熱湯にさっとくぐらせる。

**3** 鍋に**1**のふきと**2**、分量の水、薄口醤油、昆布を入れ、火にかける。沸騰したら昆布と海老を引き上げ、海老は殻をむく。

▶▶▶海老は殻つきで煮ることで、殻からの旨みが煮汁に出ておいしくなります。また、海老は煮すぎると身が堅くなっておいしくありません。殻つきで煮ると身に間接的にやさしく火が入るので、堅くなりにくくなります。軽く火を入れたらいったん取り出すのも同じ理由で、仕上げに煮汁に戻して温めます。

**4** 鍋の煮汁を半分程度になるまで煮詰め、**3**の海老を戻し入れる。水溶き片栗粉を再び混ぜ、煮汁に加えて大きく混ぜ、とろみをつける。器に盛り、木の芽を飾る。

---

せりの清々しい香りと帆立の甘みが
口いっぱいに広がります

## せりと帆立のかき揚げ

**材料（2人分）**

せり …… 1束
帆立貝柱 …… 2個
海老 …… 4尾
小麦粉 …… 適量

**天ぷら衣**
水 …… 70mℓ
小麦粉 …… 50g

揚げ油 …… 適量

**作り方**

**1** せりは3cm長さに切る。帆立貝柱は手で縦に4つに裂く。海老は殻をむいて竹串で背わたを取り、半分に切る。

**2** 天ぷら衣の材料を混ぜ合わせる。

**3** **1**に小麦粉をまぶしてボウルに入れ、**2**を流し入れて混ぜる。

**4** **3**を2つに分け、180℃に熱した揚げ油にそれぞれ入れる。上下を返しながら、カリッと揚げる。

ピリッと辛みをプラスした煮もの。
ご飯がすすむので、お弁当にも

## たけのこの辛煮

作りおき　冷蔵庫で3日

**材料（2人分）**

たけのこ……1本（140g）
糸こんにゃく……100g
ふき……30g
サラダ油……大さじ1
酒……100mℓ
醤油……大さじ1
豆板醤……小さじ1/2

**作り方**

1. たけのこは縦6等分に切り、アクを抜く（➡p.63。ゆでたけのこでもよい）。
2. ふきは鍋に入る大きさに切り、多めの塩（分量外）をまぶして板ずりする。熱湯で2分ゆで、冷水にとって皮をむき、5cm長さに切る。糸こんにゃくは5cm長さに切って、ふきと同じ湯でゆで、ざるに上げる。
3. 鍋にサラダ油を熱し、1と2の糸こんにゃくを炒め、酒と醤油を加える。煮汁が半分程度になったら、ふきと豆板醤を入れて煮からめる。

---

味噌の風味をしみ込ませた、
ほんのり甘い常備菜

## たけのこの味噌煮

作りおき　冷蔵庫で3日

**材料（2人分）**

たけのこ……1本（120g）
しいたけ……2個

煮汁
水……200mℓ
味噌……30g
砂糖……10g
昆布（6×6cm角）……1枚

木の芽……適量

**作り方**

1. たけのこは縦半分に切り、さらに4等分にして8つに切り、アクを抜く（➡p.63。ゆでたけのこでもよい）。
2. しいたけは軸を取り、5mm幅の薄切りにし、ざるに入れて熱湯に浸け、箸でほぐして湯にくぐらせる。ざるごと引き上げ、水気をきる。
3. 鍋に煮汁の材料を入れて混ぜ、1、2を入れて火にかけ、煮汁が半分程度になるまで煮る。
4. 器に盛り、木の芽を飾る。

COLUMN

# たけのこのアクの抜き方

たけのこのアクを抜くとき、米ぬかと唐辛子を入れた湯でゆでるのが一般的ですが、たけのこのフレッシュ感が損なわれるのが難点。そこで考えたのが、〝ゆでるより簡単で、たけのこ本来の風味も味わえる〟方法。大根おろしの絞り汁を同量の水で割り、塩分濃度1％にした中に浸けるだけ。生に近い味や食感が楽しめます。

**抜き方**

ボウルに材料を入れて混ぜ、用途に応じて切ったたけのこを1～3時間浸ける。水にさらし、水から火にかけ、沸いたら弱火で3分ゆで、水にとって水気をきる。

▶▶▶大根おろしの汁に全体が浸っていることが重要。分量をすべて半分にして、たけのこの上にペーパータオルをかけてもOK。

**材料**

**大根おろしの絞り汁** …… 200㎖
**水** …… 200㎖
**塩** …… 4g

## 同じ方法で山菜のアク抜きもできる！

たけのこ以外にも、わらびやずいきなどをアク抜きするときも、同じようにできます。

# ご飯と汁もの

炊きたてのご飯や作りたての汁ものから立ち上る、春の香りを存分に楽しんで。

春のごちそうご飯といえば、これ。
湯気とともにたけのこの香りが立ち上ります

## たけのこご飯

**材料（作りやすい分量）**

米 …… 3合（540㎖）
たけのこ …… 1本（150g）
油揚げ …… 1枚

**炊き地**

水 …… 450㎖
薄口醤油 …… 45㎖
酒 …… 45㎖

木の芽 …… 適量

**作り方**

**1** たけのこは皮をむき、根元の堅い部分を切り落とし、一口大に切り、アクを抜く（➡p.63。ゆでたけのこでもよい）。

**2** 米は洗って水適量（分量外）に15分浸し、ざるに上げて15分おく。

**3** 油揚げは熱湯に浸して油抜きし、水気を絞り、フードプロセッサーで細かくする（刻んでもよい）。

**4** 土鍋に**2**、**3**、**1**、炊き地の材料を入れ、ふたをして強火にかける。約7分経って沸騰したらふたを開けてさっとかき混ぜ、ふたをし、中火にして7分加熱する。

▸▸▸薄手の鍋で炊くときは、最初は強火でなく弱めの中火にし、だいたい7分ぐらいで沸騰するようにします。

**5** 弱火にして7分加熱する。さらにごく弱火にし、5分加熱し、火を止めて5分蒸らし、木の芽を散らす。全体をさっくりと混ぜる。

春の訪れを感じる炊き込みご飯。
山菜は時間差で加えて、
香りを最大限楽しみます

## 山菜炊き込みご飯

**材料（作りやすい分量）**

米 …… 3合（540mℓ）
油揚げ …… 1枚
ぜんまい（水煮）…… 60g
こごみ …… 40g
わらび（水煮）…… 40g
たけのこ（薄切りにしてアク抜きしたもの➡p.63。ゆでたけのこでもよい）…… 40g

**炊き地**

水 …… 450mℓ
薄口醤油 …… 45mℓ
酒 …… 45mℓ

**作り方**

1 米は洗って水適量（分量外）に15分浸し、ざるに上げて15分おく。

2 ぜんまいとわらびは3cm長さに切り、こごみはさっとゆでて3cm長さに切る。

3 油揚げは熱湯に浸けて油抜きし、水気を絞って細かく刻む。

4 土鍋に1、2のぜんまいとたけのこ、3、炊き地の材料を入れ、ふたをして強火にかける。約7分経って沸騰したらふたを開け、さっとかき混ぜてからふたをし、中火にして7分加熱する。さらに弱火にして7分炊く。

5 ごく弱火にしてこごみとわらびを入れ、5分炊く。火を止めて5分蒸らす。全体をさっくりと混ぜる。

▶▶▶炊飯器で炊くときは、湯気が出て米肌が見えてきたところで、こごみとわらびを加えましょう。

---

煮汁はご飯に、身は具にして
はまぐりを存分に味わいます

## はまぐりの炊き込みご飯

**材料（作りやすい分量）**

米 …… 2合（360mℓ）
はまぐり（殻つき、砂抜きしたもの）…… 370g
長ねぎ …… ½本
水 …… 350mℓ
薄口醤油 …… 30mℓ
木の芽 …… 8枚

**作り方**

1 米は洗って水適量（分量外）に15分浸ける。ざるに上げて15分おく。

2 はまぐりは水の中で殻をこすり洗いし、汚れを落とし、水を替えて3分ほど浸けて水気をきる。長ねぎは小さめの色紙切りにする。

3 鍋に分量の水と2のはまぐりを入れて火にかけ、口が開いたらざるに上げて煮汁をこす。はまぐりは殻から身をはずす。

4 土鍋に1、3のはまぐりの煮汁、薄口醤油を入れ、ふたをして強火にかける。約7分経って沸騰したらふたを開け、さっとかき混ぜてからふたをし、中火にして7分加熱する。さらに弱火にして7分炊く。

5 はまぐりの身を入れてごく弱火にし、5分炊く。火を止めて5分蒸らし、長ねぎ、木の芽を散らす。全体をさっくりと混ぜる。

春らしい華やかなすしは、おもてなしにも。
炒り玉子は麩を加えてふんわりさせるのがコツ

# あなごのちらしずし

**材料（作りやすい分量）**

米 …… 2合（360㎖）
水 …… 330㎖
あなご（開いたもの） …… 200g
のり …… 全型1枚
菜の花 …… 16本
塩 …… 適量

**すし酢**

酢 …… 35㎖
砂糖 …… 45g
塩 …… 10g

**薬味**

しょうが（みじん切り） …… 大さじ2
大葉（みじん切り） …… 6枚分
炒り白ごま …… 大さじ3

**炒り玉子**

卵 …… 2個
水 …… 大さじ2
砂糖 …… 大さじ1
薄口醤油 …… 大さじ½
麩（乾燥） …… 5g

サラダ油 …… 小さじ1

**あなごの煮汁**

だし汁 …… 1カップ
水 …… ½カップ
酒 …… ½カップ
醤油 …… ¼カップ
みりん …… ¼カップ
砂糖 …… 25g

**作り方**

1 米は洗って水適量（分量外）に15分浸ける。ざるに上げて15分おく。

2 炊飯器に1と分量の水を入れて堅めに炊く。すし酢の材料を混ぜ合わせる。

3 ご飯が炊き上がったら2のすし酢と薬味の材料を混ぜ合わせ、バットに広げて固く絞ったぬれ布巾をかけておく。

4 あなごはまな板に皮目を上にして置き、斜めにして熱湯をかける。皮が白くなったら冷水にとり、包丁の背でこそげながら皮目のぬめりを取る。洗って水気を拭き、3.5㎝幅に切る。

5 鍋にあなごの煮汁の材料と4を入れて火にかけ、沸騰したら弱火にし、15分煮て火を止め、煮汁に浸けたまま冷ます。

6 炒り玉子を作る。麩をおろし金で粉末にし、他の材料と混ぜ合わせる。フライパンを中火で熱し、サラダ油を入れ、卵液を入れて箸で混ぜながらスクランブルエッグ状にする。

7 別の鍋に80℃の湯を沸かし、3%の塩（湯1ℓの場合30g）を入れて菜の花を入れ、2分ゆでる。冷水にとり、手早く水気を絞って半分に切る。のりはあぶり、布巾に包んでもむ。

8 器に3を盛り、炒り玉子、もみのり、煮あなご、菜の花の順に盛りつける。

あなごの旨みとふきの香りが調和した
贅沢な巻きずし

## あなごの巻きずし

**材料（2人分）**

ご飯 …… 300g
焼きのり …… 全型1枚
あなご（開いたもの）…… 100g
ふき …… 20g
万能ねぎ …… 1本
醤油 …… 適量
炒り白ごま …… 小さじ1強

**作り方**

**1** あなごは温めておいた魚焼きグリルで焼き、8割がた焼けたらはけで醤油を塗って焼き、乾いたらもう一度塗って焼く。

**2** ふきはのりの長さに合わせて切り、多めの塩（分量外）をまぶして板ずりし、熱湯で2分ゆでる。冷水にとって皮をむき、水気を拭き取る。万能ねぎは小口切りにする。

**3** 巻きすにのりを置き、ご飯を広げ、あなご、ふき、万能ねぎをのせてごまをふり、手前から巻く。

**4** 最後まで巻いたら上からつかんで締め、輪ゴム2本でとめる。5分おいてなじませ、食べやすい大きさに切り分ける。

---

軽く食べたいときにもぴったり、
春の香りあふれる体にやさしいご飯もの

## たけのこ雑炊

**材料（2人分）**

ご飯 …… 200g
たけのこ …… ½本（60g）
わかめ（塩蔵を戻したもの）
…… 20g
ふき …… 40g
だし汁 …… 400mℓ
塩 …… 小さじ½
薄口醤油 …… 小さじ1

**作り方**

**1** たけのこは皮をむき、縦半分に切って薄切りにし、アク抜きをする（➡p.63。ゆでたけのこでもよい）。

**2** ふきは鍋に入る大きさに切り、多めの塩（分量外）をまぶして板ずりする。熱湯で2分ゆで、冷水にとって皮をむき、斜め薄切りにする。わかめはざく切りにする。

**3** 別の鍋にだし汁と**1**を入れて火にかけ、沸いたらご飯とわかめを入れる。

**4** 再び沸いたら塩、薄口醤油、**2**を入れ、ひと煮立ちさせる。

玉ねぎの甘みと、菜の花のほろ苦さ。
白と緑の色彩も美しい

## 菜の花と玉ねぎの味噌汁

作りおき　冷蔵庫で2日

**材料（2人分）**

菜の花 …… 6本
玉ねぎ …… 60g
だし汁 …… 350㎖
味噌 …… 20g

**作り方**

1 鍋に80℃の湯を沸かし、菜の花を入れて1分ゆでる。冷水にとり、水気を絞って長さを半分に切る。玉ねぎは3㎝角に切る。

2 鍋にだし汁と1の玉ねぎを入れて火にかけ、火が通ったら味噌を溶き混ぜ、菜の花を加えて温める。

---

春キャベツの甘みと香りを
口いっぱいに味わえるすり流し

## 春キャベツのスープ

**材料（2〜3人分）**

キャベツ …… 3枚（100g）
絹ごし豆腐 …… 70g
しいたけ …… 2個
水 …… 500㎖
昆布（5×5㎝角）…… 1枚
薄口醤油 …… 小さじ1
塩 …… 小さじ½

**作り方**

1 キャベツはざく切りにする。しいたけは軸を取り、熱湯にくぐらせ、水気をきる。豆腐は厚みを半分に切る。

2 鍋に分量の水と昆布、1のキャベツとしいたけを入れて火にかけ、キャベツが柔らかくなるまで煮る。昆布としいたけは取り出す。

3 2のキャベツをフードプロセッサーに入れてペースト状にし、煮汁でのばす。

4 3を鍋に戻し、1の豆腐、2のしいたけを加えて火にかけ、ひと煮立ちさせる。薄口醤油と塩で味をととのえる。

ホクホクとした新じゃがを堪能する
やさしい味わいの味噌汁。
アスパラガスがアクセントに

## 新じゃがの味噌汁

作りおき　冷蔵庫で2日

**材料（2人分）**

新じゃが …… 1個（130g）
アスパラガス …… 1本
長ねぎ …… ¼本（20g）
水 …… 400mℓ
昆布（5×5cm角）…… 1枚
味噌 …… 25g

**作り方**

**1** じゃがいもはよく洗い、皮ごと小ぶりの一口大に切る。

▶▶▶普通のじゃがいもでも作れます。そのときは皮をむきましょう。

**2** アスパラガスは根元の堅い部分を切り落とし、下5cm程度の皮をむく。熱湯でさっとゆでて縦半分に切り、さらに長さを3等分にする。長ねぎは1cm幅の小口切りにする。

**3** 鍋に分量の水と昆布、1を入れて柔らかくなるまで煮る。

**4** 3の鍋に2を加え、味噌を溶き混ぜてひと煮立ちさせる。

---

ふきの風味漂う汁ものは
卵でとじたやさしい味わい

## ふきの卵とじ椀

**材料（2人分）**

ふき …… 2本
長ねぎ …… 3cm
卵 …… 1個

**吸い地**
だし汁 …… 300mℓ
薄口醤油 …… 大さじ1弱
酒 …… 小さじ1

**作り方**

**1** ふきは鍋に入る大きさに切り、多めの塩（分量外）をまぶして板ずりする。熱湯で2分ゆで、冷水にとって皮をむく。4cm長さに切り、縦4等分に切る。

**2** ねぎは縦4等分に切り、芯を取る。

**3** 鍋に吸い地の材料と1、2を入れて火にかけ、沸騰したら卵を溶きほぐして流し入れ、箸でゆっくりかき混ぜる。弱火にして30秒おき、火を止める。

# 春の健康を保つ食事

幕内秀夫（フーズ＆ヘルス研究所代表）

## 春の食材と身体への影響

春という季節は、作物が厳しい冬をじっと耐えたあとに迎える活動の季節です。山野草が芽吹き、新緑を帯びた山の景色で植物がもつエネルギーを感じさせてくれます。

春の代表的な食材といえば、やはり山菜です。ふきのとうやわらび、ぜんまい、せり、菜の花など、緑色の濃い野菜が出てきます。ほかにも、うど、たけのこなどの苦みを感じるアクの強い野菜も出回ります。「春は苦いものを食べろ」という言葉もありますが、命のエネルギーに満ちたアクの強い食材を食べて冬の身体から目覚めさせる意味があるのかもしれません。

ほかにも、春キャベツやアスパラガス、そら豆などの甘みがあって鮮やかな緑色をした彩りのきれいな食材が多く、食卓にも春らしさを感じさせてくれるようになります。

魚介類では、初がつおやかれい、めばるなど、脂ののった冬の魚から淡泊な味わいの魚に変化していきます。

四季のなかでも春は、人や植物が冬の季節から目覚め、身体活動を開始する季節だといえます。生命力にあふれた春の食材を食べて身体の内側から元気になりましょう。

## 春の食文化の知恵と工夫

春の代表的な食材の山菜は苦みや渋みがあります。今では食べられる山菜がすぐにわかりますが、食べものが少なかった時代には、春に芽吹いたさまざまな山野草を食べて「食べられるものと食べられないもの」を選別してきました。

この選別は、先人が春を生き抜くために見つけた食材選びの知恵です。本来山菜は、アクが強くて食べるには邪魔になる存在ですが、適度にアクを抜く調理方法を考え、食べられるようにした工夫が春の食文化を語るうえでは欠かせない知恵だと思います。

こうした工夫によって日本人は食べられる旬の食材を増やし、旬の食材を食べることで、季節をのり切る身体を作ってきました。

そもそも日本は国土がせまく、食材に限りがある国です。先人は生き抜くために、さまざまな調理法を生み出す努力や工夫で、食べられる食材を増やしてきました。それが、現在の豊かな食文化を作り上げた根底にあります。

# 第二章

# 夏の献立

# 夏の献立に大切な三か条

## 一　口離れのよい　さっぱりした味

夏はそれだけで暑くて体が疲れる季節ですから、キレのよいさっぱりした味やさらりと喉を通る料理が求められます。たとえば、酸味。梅干しや酢などを使うと、口の中がスキッとして、いつまでも口の中に味が残りません。ほかにも、シャキシャキッと歯切れのよい塩もみきゅうり、口の中をつるんと通り抜けるそうめんなど、口離れのよさが大切です。

## 二　見た目の　涼しさ

食事とは、料理の味わいに加えて、色彩や温度感、食感や歯ごたえなど、五感すべてで感じながら、おいしく食べることだと思っています。なかでも夏の献立は目にも涼しくして、ひんやりした風情を出すと食欲がわいてきます。ガラスの器を使ったり、敷き葉を敷いたり、氷を配したり、みなさまで工夫してみてください。

## 三　香りの　刺激を生かす

夏は大葉やみょうが、しょうがなど、香り野菜がたくさん出てきます。鼻にスッと抜けるような香りと、ピリピリとした刺激のある苦みは、夏の暑さに負けそうな体をシャキッとさせてくれます。私はこれら3つの薬味とわけぎ、かいわれ大根を合わせた5種の薬味を合わせてストックしています(99ページ)。パッとかけるだけで、どんな料理でも夏向きの味になります。

# 夏の基本の献立

冷しゃぶ麺
あさりおから
きゅうりの酢のもの

## 段取りスケジュール

### 30分前

あらかじめできる　麺のつゆを作り、冷蔵庫で冷やす。

あらかじめできる　酢のものの二杯酢を作る。

作りおきできる　あさりおからの具の下ごしらえをし、煮る。

酢のものの具を切り、きゅうりを塩水に浸ける。

### 10分前

そうめんをゆでる。

豚肉をゆでる。

### 直前

酢のものの具と二杯酢を合わせる。

冷しゃぶ麺の仕上げをする。


作り方はp.74～75

# あさりおから

作りおき　冷蔵庫で1週間

### 材料（2人分）

あさり（殻つき、砂抜きしたもの）…… 200g
水 …… 250mℓ
おから …… 100g
にんじん …… 25g
ごぼう（たわしで洗って皮つき）…… 25g
しめじ …… 25g
長ねぎ …… ⅓本
ひじき（乾物）…… 3g
サラダ油 …… 大さじ1
薄口醤油 …… 大さじ1
砂糖 …… 大さじ½

### 作り方

1 あさりは水の中で殻をこすり洗いする。水を替えて2〜3分浸け、ざるに上げる。

2 にんじんは半月切りに、ごぼうと長ねぎは小口切りにする。しめじは根元を切って1本ずつほぐし、ひじきは水で戻して水気をきる。

3 鍋に1と分量の水を入れて火にかけ、あさりの口が開いたらこして煮汁とあさりを分ける。あさりの殻から身を取り出す。

▶▶▶あさりの殻で身をすくうようにすると、簡単に取り出すことができます。このときに出る汁はおいしいので、捨てずに煮汁に混ぜてください。

# 冷しゃぶ麺

### 材料（2人分）

そうめん（乾麺）…… 4束（200g）
豚薄切り肉 …… 150g

たれ
豆乳（成分無調整）…… 200mℓ
練り白ごま …… 50mℓ
醤油 …… 40mℓ
砂糖 …… 大さじ2
にんにく（すりおろし）…… 小さじ1
ラー油 …… 少量

合わせ薬味（➡p.99）…… ふたつまみ

### 作り方

1 豚薄切り肉を熱湯にさっとくぐらせ、水にとって洗う。

▶▶▶肉の表面のアクなどを落として、すっきりきれいにします。

2 80℃の湯に1を入れ、3分ゆで、水にとって水気をきる。

▶▶▶低めの温度をキープしてゆでると、冷めても堅くなりません。

3 ボウルに練りごま、醤油、砂糖、にんにく、ラー油を入れ、豆乳を少しずつ加えて溶きのばす。

▶▶▶あらかじめ作って、冷蔵庫で冷やしておくとよいでしょう。5日ほど持ちます。

4 たっぷりの湯でそうめんをゆで、水にとってもみ洗いし、水気をきる。

5 器に4を盛り、2と合わせ薬味をのせ、3を添える。

# きゅうりの酢のもの

**材料（2人分）**

きゅうり …… 1本（100g）
塩 …… 適量
みょうが …… 2個
大葉 …… 3枚
塩 …… 適量

**二杯酢**
酢 …… 大さじ2
醤油 …… 大さじ2

**作り方**

**1** きゅうりとみょうがは小口切りに、大葉はせん切りにする。

**2** ボウルに2%の塩水（300㎖の水に小さじ1の塩）を作り、**1**のきゅうりを浸けて15分ほどおく。

**3** 二杯酢の材料を合わせて電子レンジに20秒かけ、冷ましておく。

▶▶▶あらかじめ作っておくと便利。冷蔵庫で1週間ほど持ちます。

**4** **2**を塩水のなかで軽くもんで水気を絞り、別のボウルに入れる。みょうが、大葉も入れ、二杯酢をかけて和える。

**4** 鍋にサラダ油を熱し、にんじんとごぼうを炒め、油が回ったらしめじを加え、炒め合わせる。さらにおからを加えて混ぜ、全体にからませる。

**5** **3**の煮汁を加え、なじませる。薄口醤油と砂糖を混ぜ、グツグツと煮る。

**6** 水分がほとんどなくなったら、ひじきと長ねぎを加えて軽く混ぜ、**3**のあさりの身を加え、温める。

▶▶▶あさりはすでに火が入っているので、ここで煮込む必要はありません。煮すぎると堅くなっておいしくないので注意。

# 夏の香りの一汁二菜献立

ご飯／キャベツと油揚げの味噌汁／さばの香り焼き／叩ききゅうり

夏はそれだけで体力を消耗する季節。昼ごはんにお肉を食べたり、食べすぎた日は、体が疲れがちですので、晩ごはんは、シンプルな献立を、ぜひおすすめします。みょうがや大葉など、少し苦みのある夏の薬味を生かして、香りで体に刺激を与えましょう。

主菜の魚料理は、青魚のさばに大葉入りの浸け地を塗って、香りよく焼き上げます。ちなみに春なら木の芽を刻んで、秋なら七味唐辛子をふって、冬なら柚子をせん切りにして同じように若狭地に加えると、四季折々の焼き魚になります。

副菜には体の熱をしずめてくれるといわれるきゅうりを割っただけのシンプルな小鉢を。ポリッポリッという歯触りで、頭がだんだん冴えてきます。ここにキャベツと油揚げの味噌汁で野菜と良質な大豆のたんぱく質を補えば、全体には軽やかながら、栄養バランスのよい献立になります。

## 段取りスケジュール

**1時間前**
あらかじめできる
米を洗い、浸水させて水気をきる。

**50分前**
さばに塩をふる。

**30分前**
ご飯を炊き始める。
叩ききゅうりの具を下ごしらえする。
梅肉だれを作る。
さばの浸け地を作る。

**20分前**
味噌汁の具を下ごしらえする。
さばを焼く。
大根おろしを作る。

**10分前**
味噌汁を作る。

**直前**
叩ききゅうりの仕上げをする。
さばの香り焼きの仕上げをする。

# 叩ききゅうり

**材料（2人分）**

きゅうり …… 2本
大葉（太めのせん切り）…… 5枚分
みょうが（縦半分に切って薄切り）
…… 2個分
塩 …… 適量

**梅肉だれ**
梅肉 …… 20g
醤油 …… 小さじ2

**作り方**

1 きゅうりは塩適量をふって板ずりし、熱湯にさっとくぐらせて、冷水にとる。

2 1を縦半分に切ってから横半分に切り、布巾をかぶせ、すりこぎ棒で叩いて割る。塩小さじ2をまぶして10分程度おき、水洗いして水気をきる。

▶▶▶きゅうりは割ることで、表面がギザギザになり、味がしみ込みやすくなります。

3 ボウルに梅肉だれの材料を合わせ、大葉とみょうがを混ぜる。

4 2を器に盛り、3をかける。

**栄養MEMO**

きゅうりは暑い夏に体を冷やしてくれ、高血圧や心臓病、腎臓病にもよく、最近ではダイエットに効く酵素が含まれるといわれています。

# さばの香り焼き

**材料（2人分）**

さば（80gの切り身）…… 2切れ
大葉（みじん切り）…… 6枚分
塩 …… 適量

**若狭地**
酒 …… 大さじ1
醤油 …… 小さじ1

大根おろし …… 30g

**作り方**

1 さばは両面に塩をふって30分おき、水洗いして水気を拭き取る。

2 大葉と若狭地の材料を混ぜ合わせて浸け地を作る。

3 温めておいた魚焼きグリルで1を焼き、8割がた焼けたら取り出し、2をはけで塗って再度焼く。これを2〜3回くり返しながら、両面を焼く。

4 器に盛り、大根おろしを添える。

**栄養MEMO**

背の青い魚には、動脈硬化の予防や血中脂肪の低下に作用するEPAや、脳を活性化させるDHAなど、「オメガ3」と呼ばれる機能性の高い不飽和脂肪酸が含まれます。積極的に食べましょう。

# キャベツと油揚げの味噌汁

**材料（2人分）**

キャベツ（一口大に切る）…… 1枚分
油揚げ …… $\frac{1}{2}$枚
長ねぎ（小口切り）…… $\frac{1}{4}$本分
煮干し …… 3本
水 …… 300mℓ
味噌 …… 20g

**作り方**

1 油揚げは熱湯に浸して油抜きをし、水気を絞る。縦半分に切ってから5㎜幅に切る。

2 煮干しは頭と内臓を取り除き、縦半分に裂く。

3 鍋に分量の水、2、キャベツを入れて火にかけ、キャベツに火が通ったら1を入れ、1分煮る。味噌を溶き入れ、椀に盛り、長ねぎをのせる。

**栄養MEMO**

大豆は「畑の肉」といわれるように、たんぱく質が肉と同じ17％も含まれます。この味噌汁は、大豆が原料の味噌と油揚げを使い、胃腸をととのえるビタミンU（キャベジン）を含むキャベツを加えた、胃にやさしいスタミナ食です。

# 酸味を生かした一汁三菜献立

ご飯／トマト汁／なすと鶏肉の煮もの／あじ酢締めの緑酢がけ／もずく酢

〝酸っぱい〟のが夏向きの味。この献立は、異なる3つの酸味を楽しみながら食べてほしい組み合わせです。

まずは、火を入れると酸味が際立つトマトの汁もの。「汁ものにトマト？」と思われるかもしれませんが、旨み成分を多く含む食材なので、だし汁がなくても水で充分おいしくなり、簡単に汁ものが作れます。

次に、あじの酢締め。酢で締めることで刺身よりも食感も味わいも引き締まり、夏におすすめの仕立て方です。そこに体の熱を取るといわれるきゅうりで作った緑酢をかけて、いっそう爽やかに。3つ目は、食物繊維豊かなもずく酢。かつお節の旨みでマイルドにした加減酢でいただきます。

主菜には、鶏肉と夏野菜の代表格、なすをさっと煮て、鶏のコクで野菜をたっぷりいただきます。きちんとたんぱく質もとれて、栄養バランスばつぐんの献立です。

## 段取りスケジュール

**1時間前**
あらかじめできる　米を洗い、浸水させて水気をきる。

**40分前**
もずく酢の加減酢を作る。

**30分前**
ご飯を炊き始める。
あじに塩をふる。
トマト汁の材料を下ごしらえする。
あじ酢締めのうどを下ごしらえし、緑酢を作る。
もずくを下ごしらえし、加減酢に浸ける。
煮ものの材料を下ごしらえする。

**15分前**
煮ものを作る。

**10分前**
トマト汁を作る。
あじを酢で締める。

**直前**
あじ酢締めともずく酢の仕上げをする。

# トマト汁

**材料（2人分）**

トマト …… 200g
なす …… ½本
きゅうり …… ½本
ごぼう …… 30g
みょうが …… 1個
塩・黒こしょう …… 各少量

**煮汁**

水 …… 200mℓ
薄口醤油 …… 大さじ1強
酢 …… 大さじ1

**作り方**

1 トマトは適当な大きさに切り、ミキサーかフードプロセッサーにかける。粗目のざるでこして皮を取り除き、ジュースにする。

2 なすは半月切りに、きゅうりは1cm幅の輪切りにする。ごぼうはたわしでよく洗い、皮つきのまま小口切りにし、水でさっと洗う。みょうがは小口切りにする。

3 鍋に煮汁の材料と1、2のごぼうを入れて火にかける。沸騰したらアクを取り、なす、きゅうり、みょうがを入れ、温まったら塩、黒こしょうで味をととのえる。

# なすと鶏肉の煮もの

**材料（2人分）**

なす …… 4本
鶏もも肉 …… 1枚（200g）
揚げ油・片栗粉 …… 各適量

**煮汁**

水 …… 400mℓ
薄口醤油 …… 40mℓ
みりん …… 40mℓ

**薬味**

しょうが（せん切り）…… 20g
みょうが（せん切り）…… 1個分
大葉（せん切り）…… 2枚分

**作り方**

1 薬味をざるに入れ、冷水に2～3分浸し、ざるごと引き上げる。

2 なすの両端を切り落とし、皮目に1cm間隔で縦に切り目を入れる。170℃に熱した揚げ油に入れ、柔らかくなるまで揚げる。熱湯をかけて油抜きをする。

3 鶏肉は一口大に切り、はけで片栗粉を薄くまぶす。

4 鍋に煮汁の材料を入れ、ひと煮立ちさせて弱火にし、3を入れて2分煮る。2を加え、さらに2分煮る。

5 煮汁ごと器に盛り、1をのせる。

# あじ酢締めの緑酢がけ

**材料（2人分）**

あじ（三枚におろしたもの）…… 2尾分
うど …… 4cm
酢・塩 …… 各適量

**緑酢**

きゅうり …… 1本
だし汁 …… 大さじ1½
酢 …… 大さじ1強
みりん …… 小さじ2
薄口醤油 …… 小さじ2

**作り方**

1 あじは両面に塩をふり、20分おく。

▶▶▶あじはご自分でおろしてももちろんかまいませんが、スーパーなどの鮮魚売り場で三枚おろしにしてもらうとよいでしょう。

2 うどは皮をむき、マッチ棒大に切って酢水にはなす。

3 小鍋に緑酢のだし汁、酢、みりん、薄口醤油を入れて火にかけ、ひと煮立ちさせて冷ます。きゅうりをすりおろして混ぜる。

4 酢適量をバットに入れ、1を5分浸す。汁気を拭き、骨を取って皮をむき、一口大に切る。

▶▶▶「酢で締める」というと長く浸けがちですが、さっと5分ほどにして、表面だけ酢がしみ込む程度にすると、あじのおいしさが味わえます。

5 4を器に盛り、3をかけ、2のうどを散らす。

# もずく酢

**材料（2人分）**

もずく（味のついていないもの）…… 100g
おろししょうが …… 適量

**加減酢**

水 …… 大さじ5
酢 …… 大さじ1
薄口醤油 …… 大さじ1
削り節 …… ひとつまみ

**作り方**

1 加減酢の材料を耐熱容器に入れ、電子レンジに30～40秒かけ、粗熱を取り、こす。

2 もずくをさっと湯通しし、水気を絞る。

3 2を1に浸し、器に盛る。おろししょうがをのせる。

# 昔なつかしい日本の夏の献立

ご飯／ごぼうとアスパラガスの味噌汁／あなごの天ぷら／ピーマンとじゃこの炒め煮

私が小さい頃の夏のごちそうというと、天ぷらだったように思います。油ものを食べると何だか元気がわいてきて、夏の疲れが回復する、そんなイメージで、天ぷらを主菜に据えた献立を考えました。

天ぷらのタネは、夏が旬のあなご。最近では開いた状態で売られていることも多いので、ぜひ活用してみてください。あなごで動物性たんぱく質をしっかりとるので、汁ものと副菜は野菜を中心にしましょう。

味噌汁には、夏の清々しい香りのごぼうを生かしながら、疲労回復にいいアスパラガスをプラス。具だくさんにして、食べごたえを出します。汁をかくとカルシウムが不足するので、副菜にはじゃこでカルシウムを補います。ピーマンは、同じ夏の野菜のししとうを使ってもおいしいです。楽しんで作ってみてください。写真のように、甘く煮た豆を添えると、より栄養バランスがよくなります。

## 段取りスケジュール

**1時間前**
あらかじめできる
米を洗い、浸水させて水気をきる。

**50分前**
作りおきできる
炒め煮の具を下ごしらえし、作る。

**30分前**
ご飯を炊き始める。

**20分前**
味噌汁の具の下ごしらえをする。
天ぷらのタネと天ぷら衣を準備する。
天つゆを作る。

**10分前**
味噌汁を作る。
天ぷらを揚げて仕上げる。

# ピーマンとじゃこの炒め煮

作りおき　冷蔵庫で3日

**材料（2人分）**

ピーマン …… 3個
ちりめんじゃこ …… 50g
サラダ油 …… 大さじ1

**煮汁**
酒 …… 大さじ3
醤油 …… 大さじ1
みりん …… 大さじ1

**作り方**

1 ピーマンは縦半分に切って種を取り除き、さらに縦半分に切ってから2cm幅に切る。

▶▶▶ピーマンの代わりにししとうでもよいでしょう。

2 フライパンにサラダ油を熱し、1を炒める。色鮮やかになったらちりめんじゃこを入れ、煮汁の材料を加え、煮からめる。

**栄養MEMO**

夏になるとβカロテンやビタミンC、ビタミン$B_1$、$B_2$が増えるピーマン。毛細血管を強くするビタミンP、ミネラルのケイ素も含み、発毛にもよい野菜です。ちりめんじゃこのカルシウムやDHAも組み合わせた健康食です。

# あなごの天ぷら

**材料（2人分）**

あなご（開いたもの） …… 2尾分
かぼちゃ（種を取ったもの） …… 60g
ゴーヤ …… ½本
小麦粉 …… 適量
揚げ油 …… 適量
大根おろし …… 30g
おろししょうが …… 小さじ1

**天ぷら衣**
水 …… 100mℓ
小麦粉 …… 70g
溶き卵 …… 1個分

**天つゆ**
だし汁 …… 150mℓ
醤油 …… 大さじ2
みりん …… 大さじ2
削り節 …… 3g

**作り方**

1 あなごは5cm長さに切る。かぼちゃは7〜8mm厚さのくし形に切り、ゴーヤは縦4等分に切って種を取り、5cm長さに切る。

2 天ぷら衣を混ぜ合わせる。

3 1にはけで小麦粉をまぶし、2をつけ、180℃に熱した揚げ油に入れてカリッと揚げる。

4 天つゆの材料を鍋に入れ、ひと煮立ちさせてこす。

5 3を器に盛り、大根おろしとおろししょうがを添え、天つゆでいただく。

# ごぼうとアスパラガスの味噌汁

**材料（2人分）**

ごぼう …… 50g
アスパラガス …… 2本
ヤングコーン …… 4本
だし汁 …… 300mℓ
味噌 …… 20g

**作り方**

1 ごぼうはたわしでよく洗い、皮つきのままささがきにし、水でさっと洗って水気をきる。アスパラガスは根元の堅い部分の皮をむき、3cm長さに切る。ヤングコーンは長さを半分に切る。

2 鍋にだし汁と味噌、1を入れて火にかけ、味噌を混ぜ溶かし、沸騰したら弱火にして1分煮る。

**栄養MEMO**

ごぼうは平安時代の末から栽培されている歴史の長い根菜で、解毒や利尿に効き、栄養過剰による生活習慣病の予防にも役立ちます。アスパラガスは高血圧を予防するルチンやその他のビタミン類が豊富。健康的な味噌汁ですよ。

# 魚が主役の一汁二菜献立

ご飯／キャベツととうもろこしの味噌汁／いさきの浸け揚げ／ズッキーニの香味だれがけ

暑い夏、食欲のある日なら、油ものがちょっとあると、より元気が沸いてきます。そんなときの主菜に、いさきを竜田揚げ風にしてご紹介します。淡泊な味わいのいさきは、揚げてコクをつけるとぐんとおいしくなります。そこに夏らしくレモンをたっぷり搾って酸味をプラス、食べごたえがありながらもさっぱりといただけます。

主菜作りに少し手をかける分、汁ものは簡単に作れるものにします。おすすめは、だし汁をとらなくてもいい、〝トマトジュースで作れる味噌汁〟。旨みはしっかりあるのに、酸味もあって後口がさっぱりとして、食欲がわいてきます。もちろん、水に刻んだ生のトマトを入れて煮てもかまいません。

副菜は、ズッキーニに長いもやにんにくで作るたれをかけていただく、〝野菜で野菜を食べる〟サラダ。野菜たっぷりの非常にヘルシーな献立です。

## 段取りスケジュール

### 1時間前
あらかじめできる　米を洗い、浸水させて水気をきる。

### 30分前
ご飯を炊き始める。

あらかじめできる　香味だれを作る。

ズッキーニを切ってゆでる。

### 20分前
味噌汁の具を下ごしらえする。

いさきを浸け地に浸ける。

### 10分前
味噌汁を作る。

いさきとししとうを揚げ、仕上げる。

香味だれがけの仕上げをする。

# ズッキーニの香味だれがけ

**材料（2人分）**

ズッキーニ …… 1本

**香味だれ**

- 長いも …… 30g
- にんにく …… 25g
- 酢 …… 50㎖
- 薄口醤油 …… 30㎖

**作り方**

**1** 香味だれを作る。小鍋に酢と薄口醤油を入れて火にかけ、ひと煮立ちさせ、常温に冷ます。

**2** 長いもは皮をむいて小さめの角切りにする。にんにくは薄皮をむいてゆで、水気をきる。これらをフードプロセッサーにかけ、ペースト状にし、1と混ぜ合わせる。

▶▶▶香味だれは冷蔵庫で3日ほど日持ちするので、あらかじめ作っておくと便利です。

**3** ズッキーニは両端を切り落として縦半分に切り、ピーラーなどでリボン状の薄切りにする。熱湯でさっとゆでて冷水にとり、水気をきる。器に盛って2をかける。

**栄養MEMO**

ズッキーニはかぼちゃの仲間で、ビタミンAとEを特に多く含む野菜。また、たれに使ったにんにくは中性脂肪を減らし、長いもには滋養強壮効果があります。

# いさきの浸け揚げ

**材料（2人分）**

いさき（三枚におろしたもの）…… 2尾分
ししとう …… 4本
片栗粉 …… 適量
揚げ油 …… 適量

**浸け地**

- 酒 …… 大さじ2
- 醤油 …… 大さじ2
- おろししょうが …… 大さじ½

塩 …… 適量
大根おろし …… 50g
レモン（半月切り）…… 適量

**作り方**

**1** いさきはそれぞれ長さを半分に切る。浸け地の材料を混ぜ合わせ、いさきを浸けて5分ほどおく。途中、ひっくり返す。

**2** ししとうは竹串で何カ所か刺し、穴を開ける。

**3** 1の汁気をきってはけで片栗粉をまぶす。180℃に熱した揚げ油に入れ、からりと揚げる。2を同じ油でさっと揚げ、塩を軽くふる。

**4** 3を器に盛り合わせ、大根おろしとレモンを添える。

▶▶▶レモンをたっぷり搾って、さっぱりといただきましょう。

# キャベツととうもろこしの味噌汁

**材料（2人分）**

キャベツ …… 1枚
とうもろこし※ …… ½本
長ねぎ …… ½本

**煮汁**

- 水 …… 200㎖
- トマトジュース（食塩無添加）…… 100㎖
- 味噌 …… 20g

※冷凍のコーン50gでもよい。

**作り方**

**1** キャベツは熱湯でさっとゆで、ざく切りにし、水気をきる。とうもろこしはゆでて実を取り出す。長ねぎは斜め切りにする。

**2** 鍋に煮汁の材料を合わせ、とうもろこしを入れて火にかけ、味噌を混ぜ溶かす。沸騰したら1のキャベツと長ねぎを入れて温める。

▶▶▶トマトジュースを使った簡単だしだから、味噌汁が楽に作れますよ。

**栄養MEMO**

淡色野菜のなかでもビタミン、ミネラルを豊富に含むキャベツ。たんぱく質、脂質、ミネラル、ビタミンを含むとうもろこしとは相性ばつぐんです。汁に使うトマトジュースは、生のトマトと栄養分はほとんど変わらず、手軽で使い勝手のよい便利な食材です。

# さっぱり煮魚のシンプル献立

ご飯／キャベツの味噌汁／いわしの酢煮 きゅうりおろしがけ／ししとうの干し桜海老炒め

食欲の落ちやすい夏の献立では、食べ口のさっぱりする〝酸味〟と、汗とともに出て失われがちなカルシウムがポイントです。この献立では、煮魚を酢を使ってさっぱり仕立てることで、そのどちらもとることができます。煮汁もおいしいので、身を浸して一緒に食べましょう。いわしの身には、あるかどうか分からないほどの小さな骨があり、カルシウムを自然ととることができます。副菜の干し桜海老にもカルシウムが豊富に含まれます。

この献立、下準備さえしておけば、帰宅してから30分後に食べ始められるのもよいところ。一から作るのは味噌汁ときゅうりおろしだけ。洗っておいたお米を炊き、作りおきしておいた主菜を温め、副菜を盛れば、一汁二菜献立が揃います。いわしの酢煮は、冷蔵庫に入れても脂が固まらないので、冷たいままでもおいしくいただけます。酒の肴にもぴったりです。

## 段取りスケジュール

**1時間前**

あらかじめできる　米を洗い、浸水させて水気をきる。

作りおきできる　いわしの酢煮の材料を下ごしらえし、煮てそのまま冷ます。

**30分前**

ご飯を炊き始める。

**10分前**

味噌汁を作る。

作りおきできる　ししとうの干し桜海老炒めを作る。

きゅうりおろしを作る。

**直前**

いわしの酢煮を仕上げる。

# キャベツの味噌汁

**材料（2人分）**

キャベツ …… 1枚
だし汁 …… 300mℓ
味噌 …… 20g
粉山椒 …… 少量

**作り方**

1 キャベツはざく切りにする。

2 鍋にだし汁と1を入れて火にかけ、ひと煮立ちしたら弱火で2分煮る。味噌を溶き混ぜ、椀に盛って粉山椒をふる。

**栄養MEMO**

夏のキャベツは、冬ほど堅くないので、さっと火を通すだけで大丈夫。アブラナ科なので、70℃ぐらいの低温でゆでると酵素の働きで消化がよくなります。

# いわしの酢煮 きゅうりおろしがけ

作りおき　冷蔵庫で5日
（きゅうりおろしは当日作る）

**材料（2人分）**

いわし …… 4尾
トマト …… 1個
パプリカ（赤・黄） …… 各40g
ピーマン …… 40g
長ねぎ …… 1本
しょうが（薄切り） …… 30g

**きゅうりおろし**

きゅうり …… 2本
大根おろし …… 60g

**煮汁**

水 …… 150mℓ
酒 …… 150mℓ
酢 …… 70mℓ
醤油 …… 70mℓ

ごま油 …… 小さじ1

**作り方**

1 いわしは頭と内臓を取り、塩水（分量外）で洗う。網じゃくしにのせ、70℃の湯に浸け、内側の身がうっすら白くなったら冷水にとり、水気をきる。

▸▸▸スーパーなどの鮮魚売り場で頭と内臓を取ってもらうのがおすすめ。熱湯に浸けるといわしの美しい銀皮がはぜることがあるため、70℃ぐらいの湯にします。

2 トマトは熱湯に浸けて皮を湯むきし、くし形に切る。長ねぎは3cm長さに切り、表面に斜めに3～4カ所切り目を入れる。パプリカとピーマンは1cm幅、3cm長さに切り、熱湯にさっとくぐらせ、冷水にとり、水気をきる。

3 鍋に1と煮汁の材料、2の長ねぎを入れて火にかけ、沸いたら弱火にして3分煮る。トマトを加え、温まったらしょうがを加えて火を止め、そのまま粗熱を取る。

4 きゅうりはおろして水気を軽く絞り、大根おろしと混ぜる。

5 いわしの身をほぐし、骨を取る。

6 器に5、3のねぎ、トマト、しょうが、2のパプリカ、ピーマンを盛り、煮汁の半分にごま油を混ぜてかける。4を添える。

▸▸▸煮汁の残り半分で、葉野菜をさっと煮たり、じゃがいもや大根を煮たりするとよいでしょう。

# ししとうの干し桜海老炒め

作りおき　冷蔵庫で3日

**材料（2人分）**

ししとう …… 10本
干し桜海老 …… 30g
長ねぎ …… 1本
サラダ油 …… 大さじ½

**煮汁**

酒 …… 大さじ2
醤油 …… 大さじ1

**作り方**

1 長ねぎはみじん切りにする。

2 フライパンにサラダ油を熱し、干し桜海老を炒める。ししとうを加えて炒め、1も加える。煮汁の材料を回しかけ、煮からめる。

# 夏の体をいたわる献立

## ご飯／うずらの卵とめかぶの味噌汁／太刀魚の利久焼き／冬瓜のそぼろ煮

夏バテ予防を意識して、食べ口は重くないのに味や食感が変化に富み、たんぱく質や脂肪などの栄養がしっかりとれ、量もきちんと食べられる、そんな献立を考えました。

まず、この時季の脂がのってくる太刀魚。夏なので甘辛い味つけや煮ものよりも、シンプルに焼いたほうが向きます。ここではごまをまぶして焼き、良質の油と香ばしいいい香りをプラス。食感もよく、知らず知らずに食べすすめられます。見た目にも爽やかに映り、負担なく食べることができます。

汁ものでも、うずらの卵でたんぱく質を、めかぶで海藻をたっぷりといただきます。副菜には、夏のほてった体の熱をしずめるといわれる冬瓜を。ほとんどが水分で、淡味のよさが持ち味ですが、かつおと昆布のだしでは旨みが淡すぎて、おいしくありません。ここではひき肉の動物性の旨みを含ませておいしくします。

### 段取りスケジュール

**1時間前**
あらかじめできる　米を洗い、浸水させて水気をきる。

**50分前**
太刀魚に塩をふる。
あらかじめできる　味噌汁のうずらの卵をゆでる。

**30分前**
ご飯を炊き始める。
浸け地を作り、太刀魚を浸ける。
そぼろ煮の具の下ごしらえをする。

**20分前**
味噌汁の材料を準備する。
作りおきできる　そぼろ煮を作る。

**10分前**
味噌汁を作る。
太刀魚を焼く。

# 冬瓜のそぼろ煮

**作りおき** 冷蔵庫で3日

**材料（2～3人分）**

冬瓜……250g
鶏ひき肉……50g
サラダ油……大さじ1

**煮汁**

酒……大さじ3
醤油……大さじ2
砂糖……大さじ1

**作り方**

**1** 冬瓜は3㎝幅に切り、種と皮を取り、5㎜幅の薄切りにする。

**2** 鶏ひき肉はざるに入れ、熱湯に浸けて箸でほぐし、うっすら白くなったら水で洗い、水気をきる。

**3** 鍋にサラダ油を熱し、**1**を炒める。表面に火が通って透明感を帯びてきたら、煮汁の材料と**2**を加えて弱火にし、汁気がなくなり、冬瓜が柔らかくなるまで煮る。

▶▶▶淡味の冬瓜は、普通にだし汁で煮てもおいしくありません。干し海老や干し貝柱、この料理のようにひき肉のそぼろなど、動物性の強い旨みで煮てこそ、の素材です。

**栄養MEMO**

冬瓜は98％が水分。カロリーも低く、ダイエットしている人向きの食材です。その旬は、「冬瓜」という名前に似合わず8～9月。冬を越して春先まで貯蔵できることから、この名がついています。

# 太刀魚の利久焼き

**材料（2人分）**

太刀魚（40gの切り身）……4切れ
炒り白ごま……適量
塩……適量

**浸け地**

醤油……大さじ1
みりん……大さじ1
酒……大さじ1
大葉（粗みじん切り）……10枚分

**作り方**

**1** 太刀魚は両面に塩をふり、15分おく。水で洗い、水気を拭き取る。

**2** 浸け地の材料を合わせ、**1**を15分浸ける。途中、ひっくり返す。

**3** **2**の汁気を拭き取り、白ごまを押しつけるようにして両面にまぶす。

**4** フッ素樹脂加工のフライパンに皮側を下にして並べて中火にかける。ごまがはじける程度になったら裏返し、弱火にして裏面を3分焼く。

**栄養MEMO**

ごまにはカルシウムや良質の油、老化予防に効くというセサミンが含まれます。魚にまぶして焼けば、自然に食べられますね。

# うずらの卵とめかぶの味噌汁

**材料（2人分）**

うずらの卵……6個
めかぶ（食べやすい大きさに切る）……30g
わけぎ（小口切り）……1本分
煮干し……3本
水……300㎖
味噌……20g

**作り方**

**1** うずらの卵を水から火にかけ、沸騰したらそのまま3分ゆでる。冷水にとり、殻をむく（調理ずみの市販品でもよい）。

▶▶▶買ってきたときにまとめてゆでて冷蔵庫に入れておけば、すぐに使えて便利です。

**2** 煮干しは頭と内臓を取り除き、縦半分に裂く。鍋に分量の水とともに入れて火にかけ、沸騰したら弱火にして2分煮出す。**1**とめかぶを入れる。

**3** 味噌を溶き混ぜ、再び煮立ったら椀に盛り、わけぎをのせる。

**栄養MEMO**

めかぶに含まれる多糖類アルギン酸は、塩分を排泄したりコレステロールを低下させる働きがあることが知られています。卵にも味噌にも良質なたんぱく質が多く含まれ、さらに味噌は大豆を加工することで消化がとてもよくなっており、バランスばつぐんの汁ものです。

# ランチにも向く丼献立

## かつおの梅ヅケ丼／厚揚げとレタスの煮浸し

食欲の落ちやすい夏場。なんとなく調子が悪い……、あんまり食べたくない……、という日には、梅干しを活用するのがおすすめです。酸味で体が目覚めるとともに、熱中症予防に必要な適度な塩分もとれて、一石二鳥です。

ここでは脂がのってきたかつおの刺身を梅肉ベースのたれでヅケ風にして、簡単丼に仕立てます。同じ酸味でも、ポン酢ではご飯が食べにくいときがありますが、梅干しなら、ご飯が無理なくすすみます。

副菜に添えるのは、植物性たんぱく質たっぷりの厚揚げの煮もの。ここに、火が入るとシャクッと歯触りがよくなるレタスをたっぷりと組み合わせることで、食感も味わいもさっぱりといただけます。煮汁はだし汁と醤油、酒。甘みをつけないので、全体にさっぱりと切れのよい食べ口の、大人っぽい味に仕上がります。

### 段取りスケジュール

**1時間前**　あらかじめできる
**米を洗い、浸水させて水気をきる。**

**30分前**　作りおきできる
**煮浸しの具の下ごしらえをし、煮て、火を止めておく。**

**30分前**
**ご飯を炊き始める。**
**梅肉だれを作る。**

**15分前**
**かつおをあぶって切り、梅肉だれをからませる。**

**直前**
**梅ヅケ丼の仕上げをする。**

## 厚揚げとレタスの煮浸し

作りおき　冷蔵庫で２日

**材料（2人分）**

厚揚げ …… 1枚
レタス（手でちぎる） …… ½個分
長ねぎ（斜め薄切り） …… ½本分

**煮汁**

だし汁 …… 200mℓ
醤油 …… 大さじ1
酒 …… 大さじ½

**作り方**

1. 厚揚げは熱湯に浸して油抜きし、縦半分に切ってから1cm幅に切る。
2. 鍋に煮汁の材料を入れ、1を入れて火にかけ、沸いてから3分煮る。
3. レタスと長ねぎを加え、しんなりするまで煮て、火を止めてそのまま冷ます。

## かつおの梅ヅケ丼

**材料（2人分）**

ご飯（温かいもの） …… 300g
かつお（皮つき刺身用さく） …… 200g
もみのり …… 1枚分
炒り白ごま …… 大さじ1

**梅肉だれ**

梅干し …… 2個
醤油 …… 大さじ2
長ねぎ（みじん切り） …… ½本分
大葉（せん切り） …… 5枚分

**作り方**

1. 梅干しは種を取って包丁で叩き、醤油と合わせ、長ねぎと大葉も混ぜる。
2. 焼き網を強火で熱し、かつおを皮目を下にしてのせる。皮が焼けたら転がし、身を表面がうっすら白くなるぐらいに焼く。ほんのり温かいうちにそぎ切りにする。
3. 2に1をからませて、10分ほどおく。
4. 器にご飯を盛り、3ともみのりをのせ、白ごまを散らす。

**栄養MEMO**

かつおは脂肪が少なく、たんぱく質は肉より多く含まれています。血合い部分にはビタミンA、$B_1$、$B_2$、鉄分が含まれ、貧血や体力低下のときの滋養食に向きます。なお、かつおには、わさびよりもしょうがが合いますよ。

ほかにもある

夏のランチに向く一品

## とろろそば

暑い日、お昼は冷たいそばで、というかたも多いでしょう。ここにのどごしのよいとろろとなめこを加えると、ぐんと食べやすくなります。アボカドを具にして、不足しがちな油分もとりましょう。

**材料（2人分）**

そば（乾麺） …… 200g
山いも（すりおろす） …… 60g
生なめこ …… 60g
アボカド（1cm幅の薄切り） …… 80g
長ねぎ …… ½本

**そばつゆ**

だし汁 …… 400mℓ
薄口醤油 …… 大さじ2弱
みりん …… 大さじ1
削り節 …… 3g

**作り方**

1. 鍋にそばつゆの材料を入れて火にかけ、沸騰したら火を止めてそのまま冷まし、こす。
2. 生なめこは水からゆで、沸騰したらざるに上げる。長ねぎは薄い小口切りにして水にさらし、水気をきる。
3. そばをゆでて冷水にとり、氷水で締めて水気をきる。
4. 3を器に盛り、1をかける。山いも、アボカド、2をのせる。

# 具だくさんワンプレート献立

## 浜めし／オクラのとろろ汁

食事をするのも大変……、そんな暑い日は、ワンプレートディッシュですませたいもの。具だくさんで栄養バランスもよい香川県の海沿いの郷土料理「浜めし」をアレンジした料理をご紹介しましょう。たっぷりの具とともに、エネルギー源のご飯も自然に食べすすめられます。

夏の料理には、のどごしのよさも大切です。粘りがあってなめらかなオクラととろろで汁ものに仕立てると、するりと負担なくいただけます。冷やしておくと、よりいっそうおいしいので、お試しください。どちらも滋養強壮にきくといわれるので、ぜひとりたい食材です。

献立には入れていませんが、私が夏におすすめするのが甘酒です。もともと農家では田植えの頃に飲んでいたものです。滋養があり、エネルギー補給と体力回復につながるので、ちょっと疲れたときは献立に加えてみてください。

### 段取りスケジュール

**1時間半前**

あらかじめできる　米を洗い、浸水させて水気をきる。

浜めしの具を下ごしらえし、炊き地で炊き、具と煮汁を分ける。

**30分前**

浜めしを炊き始める（途中、具と酢を入れる）。

**15分前**

とろろ汁の材料を下ごしらえし、作る。

**直前**

浜めしを仕上げる。

# 浜めし

**材料（作りやすい分量）**

米 …… 2合（360mℓ）
煮干し …… 10本
干し桜海老 …… 25g
糸こんにゃく …… 60g
にんじん …… 30g
しいたけ …… 2個
油揚げ …… 1枚
絹さや …… 8枚
酢 …… 40mℓ
塩 …… 適量

**炊き地**
水 …… 300mℓ
薄口醤油 …… 30mℓ
みりん …… 30mℓ

**作り方**

**1** 米は洗って水適量（分量外）に15分浸し、ざるに上げて15分おく。

**2** 煮干しは頭と内臓を取り除き、縦半分に裂く。鍋に炊き地の材料を合わせ、煮干しと桜海老を浸す。

**3** 糸こんにゃくは3cm長さに切り、油揚げはみじん切りにする。にんじんは3cm長さのせん切りにし、しいたけは軸を取って薄切りにする。これらを一緒にざるに入れ、熱湯に浸けて箸でほぐし、ざるごと引き上げる。

**4** 絹さやの筋を取り、さっと塩ゆでし、斜め半分に切る。

**5** 2の鍋に3を入れて火にかけ、ひと煮立ちさせる。ざるでこし、具材と煮汁に分ける。

**6** 炊飯器の内釜に1と5の煮汁を入れ、早炊きモードで炊く。

**7** 炊き上がる5分ほど前に炊飯器のふたを開け、5の具材を入れ、酢を回しかけ、ふたを閉めて炊き上げる。

**8** さっくりと混ぜて器に盛り、4の絹さやを散らす。

▶▶▶この料理は香川県の郷土料理である「浜めし」をもとにアレンジして作ったレシピです。

**栄養MEMO**

ここでは煮干しの頭と内臓（腹わた）を取り除いて上品に仕上げましたが、栄養的には取らないほうがベター。内臓に含まれるビタミンDによってカルシウムの吸収がよくなります。

# オクラのとろろ汁

**材料（2人分）**

オクラ …… 4本
もずく（味のついていないもの） …… 60g
山いも …… 60g
だし汁 …… 300mℓ
味噌 …… 20g

**作り方**

**1** オクラは両端を切り落とし、熱湯でゆでる。縦半分に切ってから長さを4等分し、種を取って包丁で細かく叩く。

**2** もずくは食べやすい長さに切る。山いもは皮をむいてすりおろす。

**3** 鍋にだし汁と味噌を入れて溶き、2のもずくを入れ、火にかける。沸いたら1を入れて温める。椀に盛り、山いもを入れる。

オクラ、もずく、山いもというねばねば素材3種を組み合わせたこのとろろ汁は、夏を乗り切るための滋養食ですよ。

# 軽く食べたいときの献立

## トマトそうめん／セロリととうもろこしのあられ和え

夏の風物詩でもある、そうめん。そのつるんとしたのどごしのよさは、暑い日には何よりのごちそうです。シンプルに麺つゆと薬味だけで食べたり、ちょっと豪華にして魚介の天ぷらを添えることもあるでしょう。でも、実際には糖質過多になりがちで、栄養バランスはあまりよくありません。簡単でおいしくて野菜もたっぷりとるにはどうしたらいいか……、と考えたのが、このトマトそうめんです。

だしにはトマトジュースを利用し、香り爽やかな新しょうがを薬味にすることで、さっぱりとした食べ口で、飽きることなく食べすすめられます。見た目にも美しい赤色が食卓に上るだけで、体力消耗のはげしい夏に元気が出るようです。

ここに副菜として添えるのは、シャキッとした歯触りと苦みが特徴のセロリと、濃厚な甘みのとうもろこしの和えもの。食感のよさと明快な味が、全体のアクセントになります。

### 段取りスケジュール

**30分前**

- あらかじめできる　そうめんのつゆを作り、冷やす。
- あらかじめできる　あられ和えの和え衣を作る。

**20分前**

- そうめんの具を準備する。
- そうめん用にたっぷりの湯を沸かす。
- あられ和えの具の下ごしらえをする。

**直前**

- そうめんをゆで、仕上げる。
- あられ和えの具に和え衣をかける。

# トマトそうめん

**材料（2人分）**

そうめん（乾麺）…… 4束（200g）
トマト …… 1個
みょうが（小口切り）…… 2個分
新しょうが（細いせん切り）
…… 1片分（20g）
大葉（手でちぎる）…… 5枚分

**つゆ**

トマトジュース（食塩無添加）
…… 200㎖
水 …… 100㎖
薄口醤油 …… 大さじ1強

**作り方**

**1** ボウルにつゆの材料を入れて混ぜ合わせ、冷蔵庫で冷やす。

▶▶▶旨みが非常に強く、だし汁代わりにもなるトマトジュースですが、そのままでは濃厚すぎるので、水で割って使うとちょうどよくなります。

**2** トマトは熱湯に浸けて皮を湯むきし、一口大に切る。

**3** そうめんをゆでて冷水にとり、氷水で締める。水気をきって器に盛り、**1**をかけて**2**とみょうが、新しょうが、大葉をのせる。

▶▶▶このように野菜や薬味がたっぷりとれて、少し西洋風の食べ方にすると、食べ飽きしにくいでしょう。

# セロリととうもろこしのあられ和え

**材料（2人分）**

枝豆（さやつき）…… 100g
とうもろこし※ …… $\frac{1}{2}$本
セロリ …… 50g

**和え衣**

セロリの葉 …… 25g
長いも …… 30g
酢 …… 50㎖
薄口醤油 …… 30㎖

※冷凍のコーン50gでもよい。

**作り方**

**1** 和え衣を作る。小鍋に酢と薄口醤油を入れて火にかけ、ひと煮立ちさせ、常温に冷ます。

**2** 長いもは皮をむいて適当な大きさに切る。セロリの葉と一緒にさっと湯通しし、フードプロセッサーにかけて細かくし、**1**を入れてのばす。

▶▶▶冷蔵庫で3日ほど持つので、あらかじめ作っておくと便利です。

**3** 枝豆はゆでてさやから豆を取り出し、薄皮をむく。とうもろこしもゆでて一粒ずつほぐす。セロリは筋を取って7㎜角に切り、さっと湯通しする。

**4** **3**を器に盛り、**2**をかける。

## トマトはこんなに便利！

この本でもよく登場するトマト。野菜としてそのまま食べてももちろんおいしいのですが、これ自体にとても強い旨み（グルタミン酸）があるので、それを〝だし〟として利用するのもおすすめです。

たとえば献立でご紹介した「トマトそうめん」。つゆに旨み濃厚なトマトジュースを使うことで、かつおと昆布のだし汁をとらなくても、簡単麺つゆに。具にした生のトマトはみずみずしくて体がシャキッとするとともに、免疫力を高めるリコピンやビタミンCがたっぷりとれますよ。

私が一番好きな食べ方は、「トマトのつけご飯」。温かいご飯1膳につき生のトマト1個を刻んで、しょうがのみじん切り20gと塩2gで味をつけます。それをご飯にかけて、サラサラと食べる——これが夏にぴったりです。

肉じゃがなどの煮汁に、トマトジュースを使うのもいいでしょう。もちろん、だし汁は使いませんよ。旨みが豊かで、〝トマトの味〟にはならないのに、酸味で不思議とすっきり食べられます。

ぜひ、みなさんもトマトを活用してみてください。

# 胃腸が休まる精進のそば献立

## 天ぷらそば

暑さに疲れた体を休ませたいときは、1品だけ軽く食べるのもいいものです。食欲が落ちている日には無理に食べようとせずに、のどごしよく、体に負担なく食べられるもので、養生するのがおすすめです。

ここでは、するすると口に入るそばに野菜の天ぷらをのせて、1品でも、そして肉や魚ぬきの精進ものでも、満足感が得られるようにしています。

ポイントになるのは、仕上げに加えるじゅんさい。初夏に旬を迎えるじゅんさいは、見た目の涼やかさを漂わせてくれるとともに、つるんとなめらかな口当たりがアクセントになって、食べ口がよくなります。

また、暑くて体が弱ったときは、冷たいものばかり食べるのではなく、温かい汁で胃腸も温めてあげてください。そうすると、自然とまた食欲がわいてきて元気になりますよ。

### 段取りスケジュール

- **30分前**
  **天ぷらのタネを準備し、天ぷら衣を作る。**
- **20分前**
  **天ぷらを揚げる。**
- **直前**
  **そばをつゆの中で温めて仕上げる。**

## 夏は油もので元気に！

# 鯛のから揚げ

暑い日に、油のコクのついた料理を食べると、元気が出るようです。ここではシンプルな「から揚げ」と、便利な衣についてご紹介しましょう。

素材に小麦粉や片栗粉など、粉だけをまぶして揚げたのがから揚げ。素材のおいしさがストレートに味わえます。魚は塩をふっておくと堅くなるので、下味はつけません。食べるときに塩を添えましょう。白身魚ならどの魚でもおいしく作れます。

**材料（2人分）**

鯛（切り身）…… 2切れ
小麦粉 …… 適量
揚げ油 …… 適量
添え野菜 …… お好みで
（ここではヤングコーンとししとう）
レモン（くし形切り）…… 2切れ
塩 …… 適量

**作り方**

1 鯛は切り身1切れを2～3つにそぎ切りにし、はけで小麦粉を薄くまぶす。

2 揚げ油を160～170℃に熱する。粉を入れたときに、さっと散ってチリチリと音がするのが目安。

3 1を静かに入れ、途中さわらずに揚げる。最後は少し火を強くし、180℃ぐらいにし、きれいなきつね色に色づいたら取り出す。

4 続いて添え野菜を素揚げにし、3とともに器に盛り、レモンと塩を添える。ポン酢醤油でもおいしい。

# 天ぷらそば

**材料（2人分）**

そば（ゆでたもの）…… 2玉
なす …… 1本
しいたけ …… 2個
かぼちゃ（種を取ったもの）…… 40g
じゅんさい …… 60g
わけぎ（小口切り）…… 1本分
小麦粉 …… 適量
揚げ油 …… 適量

**天ぷら衣**
水 …… 120㎖
小麦粉 …… 70g

**そばつゆ**
だし汁 …… 600㎖
薄口醤油 …… 40㎖
みりん …… 20㎖

**作り方**

1 なすはがくを取って縦半分に切り、皮に5㎜程度の間隔で縦に切り目を入れる。しいたけは軸を取る。かぼちゃは5㎜厚さのくし形に切る。

2 1にはけで小麦粉をまぶす。

3 天ぷら衣の材料を混ぜ合わせ、2をつける。180℃に熱した揚げ油に入れ、からりと揚げる。

4 鍋にそばつゆの材料を入れて沸かし、そばを入れてひと煮立ちさせ、温める。器に盛り、3とじゅんさい、わけぎをのせる。

## 失敗しない！便利な衣5種

揚げもので失敗する原因は、衣にあります。素材に火がちょうどよく入ったときには衣がまだ生、そして衣にちょうどよく火が入ったら素材は火が入りすぎ……といった具合です。それを解消するには、〝火の入った衣〟を使うこと。衣を気にせず、素材の火の通り具合に集中すればよいからです。以下の5つの衣なら、失敗せず楽に揚げられますよ！

新びき粉

道明寺粉

クラッカー

あられ

コーンフレーク

# 献立を豊かにする夏の料理

## 主菜

酸味や香りを生かしながら、さっぱりと仕立てる魚料理をご紹介。

甘辛いたれで白いご飯がすすむ魚料理。
火を入れすぎないから、柔らかくジューシー

### かじきまぐろのステーキ

**材料（2人分）**

かじきまぐろ（100gの切り身）……2切れ
ズッキーニ……½本
しいたけ……2個
ししとう……4本
サラダ油……大さじ½

たれ
みりん……100mℓ
酒……60mℓ
醤油……20mℓ

塩……適量
小麦粉……適量

**作り方**

1 かじきまぐろは両面に薄く塩をふり、20分おく。

2 ズッキーニは縦に薄切りにし、縦半分に切ってから結び、水にはなす。しいたけは軸を取り、はけで小麦粉をまぶす。

3 フライパンにサラダ油を熱し、1、2のしいたけを並べ、両面とも軽く焼き色がつくまで焼く。

4 たれの材料を混ぜ、3に回しかける。ししとうも加え、フライパンを回しながらさっと煮からめる。かじきまぐろとしいたけ、ししとうを取り出し、煮汁を煮詰める。

5 かじきまぐろを器に盛り、しいたけとししとう、2のズッキーニを添え、4の煮汁をかける。

シンプルに醤油だけを塗って
香ばしく焼いた、酒の肴にも向く一品

## あなごの醤油焼き

**材料（2人分）**

あなご（開いたもの）…… 2尾分
醤油 …… 適量
わさび …… 小さじ½
梅肉 …… 小さじ1

**作り方**

1 あなごは10～15㎝長さに切り、2切れをいかだのように並べて竹串を打ち、温めておいた魚焼きグリルで焼く。8割がた火が通ったら取り出し、醤油をはけで塗り、再びグリルで乾かすように焼く。

2 あなごから竹串をはずして器に盛り、わさびと梅肉を添える。

---

4 3を器に盛り、新しょうがの甘酢漬けを添える。

### 新しょうがの甘酢漬けの作り方

**作り方**

1 新しょうが50gは皮つきのまま薄切りにし、熱湯に10秒浸してざるに上げ、冷ます。

2 小鍋に水小さじ4、酢小さじ4、砂糖小さじ1を入れて火にかけ、混ぜながらひと煮立ちさせる。そのまま常温に冷ます。

3 1を2に漬け、15分ほどおく。

夏らしい薬味、大葉の香りをまとわせて
上品な白身魚をいただきます

## いさきの香り焼き

**材料（2人分）**

いさき（三枚におろしたもの）
…… 大1尾分
塩 …… 適量
新しょうがの甘酢漬け（左記）
…… 適量

浸け地
水 …… 大さじ1
酒 …… 大さじ1
醤油 …… 大さじ1
大葉（細かく刻む）…… 3枚分

**作り方**

1 いさきは両面に薄く塩をふって30分おく。水洗いして水気を拭き取る。骨を取って半分に切る。

2 浸け地の材料を混ぜる。

3 温めておいた魚焼きグリルで1を焼き、8割がた火が通ったら取り出して2をはけで塗り、焼く。もう一度くり返し、両面とも焼く。

レモンのキリッと締まった酸味で
夏らしいさっぱりとした味に

# いぼ鯛のレモン焼き

**材料（2人分）**

いぼ鯛（三枚におろしたもの）
……2尾分
レモン……½個
粗びき黒こしょう……適量
大根おろし……50g
醤油……適量
塩……適量

**作り方**

**1** いぼ鯛は両面に薄く塩をふって30分おき、水洗いして水気を拭き取る。レモンは薄切りにする。

▶▶▶まながつおなど、ほかの白身魚でもおいしく作れます。

**2** いぼ鯛を1.5㎝幅に切り、レモンの薄切りを交互に少しずらしながら並べ、こしょうをふる。温めておいた魚焼きグリルで両面とも焼く。

**3** 器に盛り、大根おろしを添え、大根おろしに醤油をかける。

---

夏を代表する川魚、鮎を一尾丸ごとフライに。
〝香魚〟の持ち味が油のコクで引き立ちます

# 鮎のフライ

**材料（2人分）**

鮎……2尾
小麦粉……適量
溶き卵……2個分
パン粉……適量
揚げ油……適量
にんじん……50g
玉ねぎ……50g
かいわれ大根……25g
レモン（くし形切り）……2切れ

**たれ**

酢……50mℓ
薄口醤油……大さじ2
砂糖……5g
大根おろし（汁気を軽く絞って）
……30g
穂じそ（穂をしごき取る）
……4本分

**作り方**

**1** たれを作る。小鍋に酢、薄口醤油、砂糖を入れてひと煮立ちさせ、常温に冷ます。大根おろしと穂じそを混ぜる。

**2** にんじんは4㎝長さのせん切りに、玉ねぎは薄切りにし、かいわれ大根は根元を切り落とす。一緒に水にはなして水気をきる。

**3** 鮎は背骨に沿って包丁を入れて少し開き、中骨を取る。皮にはけで小麦粉をまぶし、溶き卵、パン粉の順につけ、開かないように背を竹串で留める。

**4** 揚げ油を170℃に熱し、**3**を入れてカリッとなるまで揚げる。

**5** 竹串をはずして器に盛り、**2**を添えて**1**をかけ、レモンを添える。

COLUMN

# 作りおいて便利、万能の合わせ薬味

薬味は、清々しい香りやシャキッとした歯触りに加え、体が目覚める〝薬〟でもあります。一つ一つは個性的で食べにくくても、5種類混ぜると不思議とマイルドになり、旨みに変わります。焼いた肉にパッ、煮魚にパッ、麺にパッ……。いつもの料理にかけるだけで、ぐんと上品な味になります。

**材料（作りやすい分量）**

**みょうが** …… **3個**
**わけぎ** …… **2本**
**大葉** …… **10枚**
**かいわれ大根**
…… **1パック**（80g）
**しょうが** …… **30g**

**作り方**

**1** わけぎとみょうがを小口切りにし、大葉をせん切りにする。かいわれ大根は根元を切り落として2cm長さに切り、しょうがを粗いみじん切りにする。

**2** 氷水に**1**を浸けて全体に混ぜ、2〜3分さらし、ざるに上げて水気をよくきる。

**3** 保存容器にペーパータオルを敷き、**2**を入れ、冷蔵庫で保存する。

▶▶▶日持ちは冷蔵庫で約1週間。日に日に風味が落ちるので、できるだけ早めに使いきるのがおすすめ。

# 副菜

爽やかな酸味、清々しい香り、のどごしのよさを大切にした小鉢を集めました。

白と緑の清々しい小鉢は、すっきりした二杯酢と爽やかな新しょうがで、食べやすさばつぐん

## いんげんといかの二杯酢がけ

**材料（2人分）**

いんげん …… 100g
するめいかの胴（開いたもの）…… 60g
おろししょうが …… 小さじ1

**二杯酢**

酢 …… 大さじ1
醤油 …… 大さじ1

**作り方**

1. 二杯酢の材料を耐熱容器に入れ、電子レンジに30秒かけ、冷ます。
2. いんげんは筋を取って3cm長さに切る。するめいかも同じ長さに切る。
3. いんげんを水からゆで、沸騰したら弱火にして1分ゆでる。
4. 3にするめいかを加え、10秒ゆでたらいんげんと一緒にざるに上げる。水に浸けて粗熱を取り、水気をよくきって器に盛る。
5. 1をかけ、おろししょうがをのせる。

---

なめらかなじゅんさいとツルリとしたもずく。よく冷やして、のどごしよくいただきましょう

## じゅんさいもずく

**材料（2人分）**

じゅんさい …… 60g
もずく（味のついていないもの）…… 60g
おろししょうが …… 小さじ1

**加減酢**

だし汁 …… 大さじ4
薄口醤油 …… 小さじ2
酢 …… 小さじ2

**作り方**

1. 加減酢の材料を耐熱容器に入れ、電子レンジに30〜40秒かけ、冷ます。
2. もずくとじゅんさいを器に盛り、1をかけて、おろししょうがをのせる。

弾力のある水だこと、水分たっぷりのなす、
酸味の梅肉でさっぱり味の箸休めに

# たことなすの梅肉がけ

**材料（2人分）**

水だこ …… 70g
なす …… 2本
揚げ油 …… 適量
大葉 …… 2枚

**梅肉だれ**

梅肉 …… 大さじ1
醤油 …… 大さじ1
だし汁 …… 大さじ1

塩 …… 適量

**作り方**

**1** なすはがくを落とし、縦半分に切る。170℃に熱した揚げ油でなすを揚げ、火が通ったら冷水にとって手早く皮をむき、水気を拭き取る。

**2** 水だこは包丁で皮をそぎ取って身と分け、皮から吸盤を取る。身はそぎ切りにし（刺身として切り分けて売られたものを使ってもよい）、65℃の湯に15〜20秒くぐらせ、冷水にとり、水気をきる。吸盤は塩もみし、水洗いして熱湯で1分ゆでる。

**3** 梅肉だれの材料を混ぜ合わせる。

**4** 器に1と2、大葉を盛り、3を適量かける。

---

とうもろこしの甘みと、枝豆の甘み。
大葉の香りで引き立ちます

# とうもろこしと枝豆のあられ和え

**材料（2人分）**

とうもろこし※ …… ½本
枝豆（さやつき） …… 100g
するめいかの胴（開いたもの） …… 50g
大葉 …… 3枚

Ⓐ
だし汁 …… 大さじ2
醤油 …… 大さじ1
おろししょうが …… 小さじ1

※冷凍のコーン50gでもよい。

**作り方**

**1** とうもろこしはゆで、実を取り出す。枝豆もゆで、豆をさやから取り出し、薄皮をむく（それぞれ50gになる）。

**2** するめいかは1㎝四方に切り、ざるに入れて65℃の湯に浸け、箸でほぐしながら15秒湯にくぐらせる。冷水にとり、水気をきる。

**3** 大葉は粗くみじん切りにし、Ⓐの材料と混ぜ合わせる。

**4** 1と2を混ぜて器に盛り、3をかける。

凝縮したあじの旨みとごまのコクで
野菜がたっぷりいただけます

## あじのオクラ和え

**材料（2人分）**

あじの干もの …… 2枚
オクラ …… 4本
大根おろし（汁気を軽く絞って） …… 90g
大葉（手でちぎる） …… 5枚分
醤油 …… 大さじ1
炒り白ごま …… 小さじ1

**作り方**

**1** あじの干ものを焼き、骨を取って身をほぐす。

**2** オクラは両端を切り落とし、竹串で種を取る。熱湯でさっとゆで、冷水にとり、水気をきって1cm幅の小口切りにする。

**3** 大根おろし、大葉、**1**、**2**、醤油を和えて器に盛り、白ごまをふる。

---

細長く切ったたっぷりの野菜とわかめで
口の中をさっぱり

## 五目サラダ

**材料（2人分）**

きゅうり …… 1本
ピーマン …… 1個
セロリ …… ½本
にんじん …… 30g
わかめ（塩蔵を戻したもの） …… 100g

**ドレッシング**
醤油 …… 大さじ2
レモン汁 …… 大さじ2
炒り白ごま …… 大さじ2
卵黄 …… 1個

炒り白ごま …… 適量

**作り方**

**1** きゅうりは塩（分量外）をまぶして板ずりし、熱湯にさっと通して水にとり、縦半分に切ってから斜め薄切りにする。ピーマンは縦半分に切ってヘタと種を取り、せん切りにする。セロリは筋を取り、斜め薄切りにする。にんじんは3cm長さのせん切りにする。

**2** **1**を一緒に水にはなち、パリッとしたらざるに上げる。

**3** わかめは5cm長さに切って**2**に混ぜ、器に盛る。

**4** ドレッシングの材料を混ぜ合わせ、**3**にかけ、白ごまをふる。

しっとり炒めた旬のなすにカリカリの
じゃこを合わせて常備菜に

## なすじゃこ炒め

**材料（2人分）**

なす …… 2本
ちりめんじゃこ …… 25g
長ねぎ …… 1本
サラダ油 …… 大さじ2

**煮汁**
酒 …… 大さじ2
薄口醤油 …… 小さじ1

**作り方**

**1** なすはがくを切り落とし、乱切りにする。長ねぎは色紙切りにする。

**2** フライパンを熱してサラダ油を入れ、**1**のなすを炒める。しんなりしてきたら長ねぎを加える。

**3** 煮汁の材料を混ぜて回しかけ、全体に味がからんだらちりめんじゃこを加え、全体を煮からめる。

---

歯触りのいいごぼうとなめらかな長いも。
大根おろしのたれでさっぱりと楽しんで

## ごぼうと長いものサラダ

**材料（2人分）**

ごぼう …… 50g
長いも …… 50g
サニーレタス …… 4枚

**酢醤油**
酢 …… 50mℓ
醤油 …… 30mℓ

大根おろし …… 80g
長ねぎ …… 15g
おろししょうが …… 小さじ1

**作り方**

**1** 酢醤油の材料を耐熱容器に入れ、電子レンジに30〜40秒かけ、常温に冷ます。

**2** 長ねぎをみじん切りにし、汁気を絞った大根おろし、おろししょうがと一緒に**1**に混ぜる。

**3** ごぼうはたわしでよく洗い、皮つきのまま15cm長さの薄切りにする。熱湯に酢を少量（分量外）入れ、ごぼうをさっとゆでて冷水にとり、水気をきる。長いもは4cm長さの短冊切りにする。

**4** 器にサニーレタスをちぎって敷き、**3**を盛り、**2**をかける。

暑さで食欲の落ちる夏にも食がすすむ、のどごしのよい麺と汁ものをご紹介。

シンプルなそうめんに焼きなすで野菜をプラス。
氷の演出で見た目にも涼しげに

# 焼きなすと薬味のそうめん

**材料（2人分）**

そうめん（乾麺）……4束（200g）
なす……2本
長ねぎ……¼本
おろししょうが……小さじ2

**麺つゆ**

だし汁……200mℓ
みりん……50mℓ
薄口醤油……50mℓ
削り節……2g

**作り方**

1 麺つゆの材料を火にかけ、ひと煮立ちしたら火を止めてそのまま冷まし、こす。

2 なすに竹串を数カ所刺して、穴を開ける。焼き網を強火で熱し、網になすをのせ、転がしながら皮が真っ黒になるまで焼く。

3 水にとって手早く皮をむき、手で適当な大きさに裂く。

4 3のヘタを切り落とし、食べやすい大きさに切る。長ねぎを小口切りにする。

5 そうめんをゆでて冷水にとり、氷水で締める。水気をきって器に盛り、氷水を張る。

6 4とおろししょうがを添える。1の麺つゆにつけていただく。

鶏をゆでて、そうめんの具とつゆに。
動物性のコクで元気が出ます

# 鶏そうめん

**材料（2人分）**

そうめん（乾麺）……4束（200g）
鶏もも肉……½枚（120～150g）
長ねぎ……¼本
にら……3本
水……500㎖
昆布（10×10㎝角）……1枚
薄口醤油……大さじ2
おろししょうが……小さじ1

**作り方**

**1** 鶏肉は熱湯にくぐらせ、表面がうっすら白くなったら冷水に取り、水気をきる。

**2** 鍋に分量の水を入れ、昆布と**1**を入れて火にかける。80℃前後を保ちながら、15～20分ゆでる。

**3** 鶏肉を取り出し、粗熱が取れたら手で裂く。ゆで汁はこして常温に冷まし、薄口醤油で味つけする。

**4** ねぎは小口切りにし、水でもみ洗いして水気をきる。にらはさっとゆでて4㎝長さに切る。

**5** そうめんをゆでて冷水にとり、氷水で締める。水気をきって器に盛り、**3**のつゆを張って、鶏肉と**4**、おろししょうがをのせる。

すだちのフレッシュな香りと酸味で
ひと味違う麺料理に。トマトがアクセント

## 酸味爽やか麺

**材料（2人分）**

冷麦（乾麺）…… 200g
ミニトマト …… 10個
すだち（薄切り）…… 2個分

**薬味**

みょうが（縦半分に切って薄切り）…… 1個分
かいわれ大根（2.5cm長さに切る）…… 1/5パック分
大葉（せん切り）…… 4枚分

**麺つゆ**

だし汁 …… 400mℓ
酢 …… 50mℓ
薄口醤油 …… 50mℓ
削り節 …… 3g

**作り方**

1. 麺つゆの材料をひと煮立ちさせ、火を止めてそのまま冷まし、こす。
2. 薬味は一緒にざるに入れて水に2〜3分さらし、水気をきる。
3. 冷麦をゆでて冷水にとり、氷水で締める。水気をきって、一口大に丸めて器に盛る。
4. ミニトマト、すだち、2をのせ、1の麺つゆを添える

---

豆乳が〝だし〟の簡単ごまだれに
たっぷりの野菜とともにからませて

## ごまだれ麺

**材料（2人分）**

冷麦（乾麺）…… 200g
きゅうり …… 1/2本
長ねぎ …… 1/2本
大葉 …… 8枚

**ごまだれ**

練り白ごま …… 50g

**麺つゆ**

豆乳（成分無調整）…… 200mℓ
醤油 …… 50mℓ
砂糖 …… 大さじ1

**作り方**

1. きゅうりと長ねぎは4cm長さに切ってせん切りにし、水にはなしてパリッとさせ、水気をきる。
2. 麺つゆの材料を混ぜ合わせる。ボウルに練り白ごまを入れ、混ぜながら麺つゆで少しずつのばし、ごまだれを作る。
3. 冷麦をゆでて冷水にとり、氷水で締める。水気をきって器に盛る。
4. 3の上に大葉を敷き、1をのせる。2を添える。

繊維質たっぷりの乾物を具にした
滋味深い味わいで、胃腸をひと休み

## 精進うどん

**材料（2人分）**

うどん（冷凍）…… 2玉
長ねぎ …… 1本

**だし汁**

水 …… 800㎖

Ⓐ
- 昆布（10×10㎝角）…… 1枚
- 大豆（乾物）…… 30g
- 干ししいたけ …… 2個
- 高野豆腐（乾物）…… 1個
- かんぴょう（乾物）…… 1本（50㎝）

薄口醤油 …… 40㎖
酒 …… 小さじ4

**作り方**

1 前日から分量の水にⒶを浸し、冷蔵庫に入れておく。

2 翌日、1を鍋に入れて火にかけ、沸いたら弱火にしてアクをすくい取り、15～20分煮る。こして、だし汁と具材に分ける。

3 2の干ししいたけは軸を取り、5㎜幅に切る。高野豆腐は3㎝長さで1㎝幅の短冊切りにする。かんぴょうは3㎝長さに切り、昆布は細く刻む。

4 長ねぎは4㎝長さに切り、表面に斜めに3～4本切り目を入れる。

5 うどんはゆでるか、電子レンジで温め、水気をきる。

6 鍋に2のだし汁と具材の大豆、3、4を入れ、薄口醤油、酒で味つけする。5を入れて温める。

---

ひんやり冷たい麺と薬味は暑い日にぴったり。
卵のコクで満足感アップ

## 温玉冷麦

**材料（2人分）**

冷麦（乾麺）…… 200g
卵 …… 2個

**薬味**

みょうが（みじん切り）…… 1個分
かいわれ大根（2.5㎝長さに切る）…… ⅕パック分
大葉（せん切り）…… 4枚分

大根おろし …… 70g
おろししょうが …… 小さじ1

**麺つゆ**

だし汁 …… 400㎖
みりん …… 50㎖
薄口醤油 …… 50㎖
削り節 …… 3g

**作り方**

1 鍋に麺つゆの材料を入れてひと煮立ちさせ、火を止めてそのまま冷まし、こす。

2 鍋に水（分量外）と卵を入れて火にかけ、60℃を保ちながら20分ゆで、温泉玉子を作る。

3 薬味は一緒にざるに入れて水に2～3分さらし、水気をきる。

4 冷麦をゆでて冷水にとり、氷水で締める。水気をきって器に盛る。

5 4の真ん中を広げ、2の温泉玉子を割ってのせ、大根おろしとしょうが、3をのせる。1を張る。

宮崎の郷土料理をアレンジ。
ご飯にかけてもおいしい

## 冷や汁

作りおき 冷蔵庫で2日

**材料（2人分）**

きゅうり …… 1本
あじの干もの …… ½枚
絹ごし豆腐 …… 50g
大葉 …… 3枚
炒り白ごま …… 大さじ1
だし汁 …… 300mℓ
薄口醤油 …… 小さじ2
塩 …… 適量

**作り方**

1 きゅうりは薄めの小口切りにし、軽く塩をふってもみ、10分程度おく。水で洗い、水気を絞る。

2 あじの干ものを焼き、骨を取って身をほぐす。

3 ボウルにだし汁と薄口醤油を入れて合わせ、1と2を入れる。

4 豆腐を手でくずしながら加え、大葉を手でちぎりながら加える。ごまも入れて混ぜる。

---

トマトの甘酸っぱさと大葉の
爽やかな香りが清々しい、夏の冷たい汁もの

## しそ汁

**材料（2人分）**

大葉（みじん切り）…… 10枚分
卵 …… 2個
ミニトマト（4等分にする）
…… 6個分
水 …… 300mℓ
煮干し …… 3本
昆布（5×5cm角）…… 1枚
薄口醤油 …… 小さじ2

**作り方**

1 煮干しは頭と内臓を取り除き、手で縦半分に裂く。

2 ボウルに分量の水と1、昆布を入れて2時間程度浸ける。

3 卵を水から火にかけ、60℃を保ちながら20分ゆで、温泉玉子を作る。

4 2をこして薄口醤油で味つけし、大葉を混ぜる。椀に入れ、3を割って温泉玉子を入れ、ミニトマトをのせる。

小さく切った色とりどりの具がたっぷり。
お腹も心も満たされます

## 海老ととうもろこしの小づゆ

**材料（2人分）**

海老（ブラックタイガー）……3尾
アスパラガス……1本
高野豆腐（乾物）……½個
ちくわ……30g
とうもろこし（ゆでたもの）※……30粒
枝豆（さやつき）……60g

**吸い地**

水……300mℓ
薄口醤油……大さじ1
昆布（5×5cm角）……1枚

※冷凍のコーンでもよい。

**作り方**

1. 海老は殻ごと熱湯でゆで、赤くなったら冷水にとって殻をむき、1cm幅に切る。
2. アスパラガスは根元の堅い部分の皮をむき、さっとゆでて1cm幅に切る。同じ湯で枝豆をゆで、さやから豆を取り出し、薄皮をむく。
3. 高野豆腐は水で戻し、1cm角に切り、ちくわは縦4等分に切って1cm幅に切る。
4. 鍋に吸い地の材料とすべての具を入れ、火にかける。沸騰したら弱火で1分煮る。

---

食欲のないときにもぴったり、
野菜と大豆たっぷりでヘルシー

## ブロッコリーの豆乳汁

作りおき　冷蔵庫で2日

**材料（2人分）**

ブロッコリー……60g
みょうが……2個

**煮汁**

水……200mℓ
豆乳（成分無調整）……100mℓ
薄口醤油……小さじ2

**作り方**

1. ブロッコリーは小房に分けて、熱湯でさっとゆでる。みょうがは5mm幅の小口切りにする。
2. 鍋に1のブロッコリーと煮汁の材料を入れて火にかける。
3. 沸騰したら1のみょうがを加え、弱火で1分煮る。

COLUMN

# さっと作れる簡単即席漬け

漬けものは野菜がいただけるので、献立に添えたい一品。作りおきできるので重宝しますが、とくに食べたいときにすぐに作れる2品をご紹介。基本的な作り方は同じです。いろいろな野菜で試してみてください。

## きゅうりとかぶとにんじんの浅漬け

作りおき　冷蔵庫で2日

**作り方**

**1** 漬け汁の材料を火にかけ、混ぜ溶かす。火を止めて常温に冷ます。

**2** きゅうりは斜め薄切りにし、かぶの葉は刻み、かぶの身は半月切り、にんじんはいちょう切りにする。これらをボウルに入れ、塩をまぶしてもみ、10分おく。

**材料（作りやすい分量）**

きゅうり …… 2本（180g）
かぶ（葉つき） …… 3個
にんじん …… 50g
塩 …… 大さじ1

**漬け汁**※
水 …… 250mℓ
塩 …… 2.5g
昆布（5×5cm角） …… 1枚

※漬け汁は塩分濃度1%

# パプリカの浅漬け

**作りおき** 冷蔵庫で2日

**材料（作りやすい分量）**

パプリカ（赤・黄）…… 各½個
ピーマン …… ½個
なす …… 2個
穂じそ …… 大さじ2
塩 …… 大さじ1

**漬け汁**※
　水 …… 250mℓ
　塩 …… 2.5g
　昆布（5×5cm角）…… 1枚

※漬け汁は塩分濃度1%

**作り方**

**1** 漬け汁の材料を火にかけ、混ぜ溶かす。火を止めて常温に冷ます。

**2** パプリカとピーマンはそれぞれヘタと種を取って短冊切りにし、なすはがくを落として縦8等分に切る。穂じそは穂をむしる。これらをボウルに入れ、塩をまぶしてもみ、10分おく。

**3** 2をざるに入れ、70～80℃の湯に浸け、箸でほぐしながら10秒程度湯にくぐらせる。

**4** 冷水にとり、もみ洗いして水気を絞る。

**5** 食品用ポリ袋に4を入れ、1を注ぎ、30分漬ける。

**3** 2をざるに入れ、70～80℃の湯に浸け、箸でほぐしながら10秒程度湯にくぐらせる。

▸▸▸この作業を行うことで、即席漬けであっても長く漬けたような味になります。

**4** 冷水にとり、もんで適度に塩気を抜き、水気を絞る。

**5** 食品用ポリ袋に4を入れ、1を注ぎ、30分漬ける。

# 夏の健康を保つ食事

幕内秀夫（フーズ&ヘルス研究所代表）

## 夏の食事法と健康

日本の夏は、温度や湿度が高く、暑さで食欲が落ちる季節です。

夏以外の季節は、収穫した食材を「どのように調理して食べるか」を考えていた食文化なのに比べ、夏の食事については食欲が落ちている身体の状態で「どうやって食べるか」が考えられてきました。

先人たちは、どうすれば、暑い夏を乗り切るために食べる工夫ができるのかを考え、身体の健康を保つ食事法を考えてきました。

今も昔も、身体の疲労を回復させる方法は、「食事」と「休養」をとることに変わりはありません。そのため、食欲が落ちる暑い夏から身体を守るための食文化の知恵が、現代にもたくさん受け継がれています。

## 夏の食文化の知恵と工夫

夏の食事で最も顕著な食べものは麺類です。疲れた身体には、ご飯さえも重たく感じてのどを通らないときがあります。そんなときに麺類はご飯の代わりになる役割を担ってくれます。

この麺類は、暑い南の地方にいくほど細く、寒い北の地方にいくほど太くなる傾向があります。この理由は、細い麺ほど長く噛む必要がなく、消化への負担も軽くなるためです。そのため、暑い地方や暑い時期は、そうめんや冷麦などの食べやすい細麺を食べて夏の食事としてきたのです。ほかにもきしめんとして有名な薄くのばした平打ち麺も、食べやすくなるように工夫された麺類です。

エネルギー不足の夏に必要な栄養素は「でんぷん」です。炭水化物の一種であるでんぷんは、ご飯や麺類に多く含まれていて、身体のエネルギーになる「ぶどう糖」を作り出しています。

米もでんぷんを含む食材ですので、エネルギー補給が必要な夏はとくにしっかり食べたい食材です。そのため、米を食べやすくするための工夫も考えられました。それは、ちらしずしや太巻きなどで食べる酢飯です。酢を加えることで、さっぱりとご飯が食べられるようになります。また、酢には殺菌作用がありますので、食材を腐りにくくする働きもあります。ほかにも、ご飯がすすむような香ばしい香りと甘辛いたれで食欲を刺激するうなぎや、豊富なスパイスで食欲を刺激するカレーなど、ご飯や麺類をしっかり食べられるような工夫が、夏を乗り切るために考えられた食べ方の知恵なのです。

## 第三章

# 秋の献立

# 秋の献立に大切な三か条

## 一　新米がごちそう

稲が穂をたれ、日本人にとって待ちに待った新米が出回る季節です。甘み豊かで、水分が多く、ふっくらとした新米。私は、これ以上のごちそうはないと思っています。ですから、秋の献立ではまず、白いご飯のおいしさを味わう組み合わせを考えましょう。汁は味噌汁、主菜は焼き魚や煮魚、副菜は和えものなど、ごくシンプルでも充実した食事になります。

## 二　実りの食材を使う

秋は実りの季節。野菜は味が深まり、きのこや根菜、いもの種類も増えてきます。また栗やぎんなんなど実ものが出始め、魚介も脂がしっかりのってきます。全体に出回る食材の種類も豊かになって、味わいも濃厚。少し肌寒くなってくるので、自然とコクのあるものが食べたくなります。日本の豊かな食を感じられるこの時季を、存分に楽しんでください。

## 三　辛みの刺激を生かす

秋は素材の味が深くなり、料理の味つけもちょっと濃厚なものが好まれます。そこに、唐辛子や和からしなど、ちょっと辛みのポイントをプラスするだけで全体に引き締まり、ぐんと料理の味が際立ってきます。たとえば、筑前煮や味噌汁に七味唐辛子を、吸いものに黒こしょうをふってみてください。とても食べやすくなりますよ。

# 秋の基本の献立

ご飯
南京汁
さんま塩焼き
牛しぐれ煮

## 段取りスケジュール

◎1時間前
あらかじめできる　米を洗い、浸水させて水気をきる。

◎30分前
ご飯を炊き始める。
作りおきできる　南京汁を作る。

◎20分前
作りおきできる　牛しぐれ煮を作る。
さんまの下ごしらえをし、焼く。
大根おろしとレモンを用意し、さんまが焼けたら仕上げをする。


作り方はp.116～117

# さんま塩焼き

**材料（2人分）**

さんま …… 2尾
塩 …… 適量
大根おろし …… 適量
レモン（くし形切り）…… 2切れ

**作り方**

**1** さんまは1.5％塩水（水1ℓに塩15g）で洗い、ペーパータオルで水気を拭き取る。

▶▶▶真水で洗うと白っぽくなるので、塩水を使います。海の魚の基本の下処理です。

**2** 中骨に沿って、切り目を入れる。裏面も同様に行う。

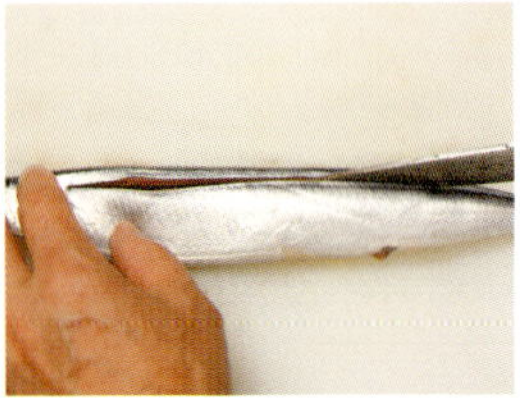

▶▶▶身が厚いところに切り目を入れ、火を通りやすくします。

**3** さんまの肛門に包丁を当て、斜めに切り分ける。

▶▶▶さんまは長くて、一尾のままではご家庭の魚焼きグリルに入らないので、2つに切ります。この切り方なら、おいしい内臓がグジャッと出ませんよ。

**4** 全体に塩をふり、温めておいた魚焼きグリルで焼く。器に盛り、大根おろしとレモンを添える。

# 南京汁

作りおき　冷蔵庫で2日

**材料（2人分）**

かぼちゃ（種を取ったもの）…… 100g
にんじん …… 30g
ごぼう（たわしで洗って皮つき）…… 20g
長ねぎ …… 5cm
水 …… 300mℓ
煮干し …… 3本
西京白味噌 …… 40g

**作り方**

**1** かぼちゃはわたを取り、4cm幅、1cm厚さに切る。にんじんは短冊切りに、ごぼうは縦薄切りにする。長ねぎは小口切りにする。煮干しは頭と内臓を取って半分に割る。

▶▶▶煮干しは早くだしが出るよう、割って使いますが、栄養的には丸のままのほうがカルシウムの吸収がよくなります。お好みでどうぞ。

**2** かぼちゃ、にんじん、ごぼうをざるに入れ、熱湯に浸けて1分ほどゆで、ざるごと引き上げる。

**3** 鍋に**2**と分量の水、煮干しを入れて火にかけ、かぼちゃが柔らかくなるまで煮る。

**4** かぼちゃが柔らかく煮えたら長ねぎを加え、味噌を溶き混ぜる。

▶▶▶信州の白味噌を使う場合は、40g入れると塩辛いので、約20gに減らしましょう。また他の味噌でもおいしく作れますので、お好みの味噌を、量を加減しながら使ってください。

# 牛しぐれ煮

作りおき　**冷蔵庫で1週間**

**材料（作りやすい分量）**

**牛薄切り肉 …… 250g**

**煮汁**
- 水 …… 120mℓ
- 酒 …… 120mℓ
- みりん …… 50mℓ
- 醤油 …… 50mℓ
- 砂糖 …… 20g

**しょうが（せん切り） …… 15g**
**水あめ …… 大さじ2**

**作り方**

**1** 牛肉を5～6cm長さに切り、箸でほぐしながら**さっと湯に通し**、水で洗って水気をきる。

**2** 鍋に煮汁の材料と**1**を入れ、火にかける。ひと煮立ちしたらざるでこし、**煮汁だけ鍋に戻し**、煮詰める。

▸▸▸牛肉を煮続けないことで、柔らかく仕上がります。

**3** 煮汁の泡が大きくなったら**2**の**牛肉を戻し**、しょうがを加え、からませる。

**4** 水あめを加えて軽く煮て、全体になじませる。

▸▸▸水あめを加えると冷めても煮汁がからみ、つやも残ります。

# 新米がすすむシンプル献立

ご飯／大根とわかめの味噌汁／いかの肝煎り／納豆

秋のごちそうは、何といっても新米です。あのふっくらとしてつややか、ふわっと立ち上る香りと甘い味わいは、日本人にとっていちばんの贅沢。私は、秋は新米と味噌汁があれば満足、と思うぐらいです。

その思いから、基本の大根とわかめの味噌汁を据えたこの献立は、しっかり食べたい朝、昼、軽く食べたい晩、いつでも向きます。

主菜はいかの旨さを生かしてたっぷりと野菜をいただく炒めもの。いかの肝は塩をたっぷりまぶして塩辛風に仕込んでおけば、酒の肴にもなりますし、火を通すとえもいわれぬ香ばしさと旨みが増して、極上の調味料になります。塩気の効いた味わいで、白いご飯もどんどん食べすすみます。

ここにもう1品、発酵食品の納豆も添えてみましょう。良質のたんぱく質がとれるだけでなく、この時季だけの新米の味も引き立ちます。

## 段取りスケジュール

**前日**
あらかじめできる
いかをさばいて、肝に塩をまぶす。

**1時間前**
あらかじめできる
米を洗い、浸水させて水気をきる。

**30分前**
ご飯を炊き始める。
いかの肝煎りの具を下ごしらえする。
味噌汁の具を下ごしらえする。

**10分前**
味噌汁を作る。
いかの肝煎りを作る。

**3** 翌日、胴はエンペラをはずし、皮をむいて包丁で開き、水洗いをする。ゲソはくちばし、軟骨、目の部分を取り除き、2本の長いゲソは先端を切り落とし、吸盤を包丁で軽くしごき取ってから、食べやすい長さに切り分ける。

**4** かぶは茎を3cm残して葉を切り落とす。皮をむき、縦6等分に切る。小松菜は4～5cm長さに切る。しょうがは皮をむいて薄切りにする。

**5** **2**の肝を水洗いし、ぶつ切りにする。**3**の胴は表面に松笠に切り込みを入れ、4×3cmに切る。

**6** フライパンにサラダ油を熱し、かぶを炒める。透明感が出てきたらゲソと胴を加えて炒め、色が変わったら小松菜、しょうが、肝を入れ、からませながら炒める。小松菜がしんなりしたら、醤油で味をととのえる。

## いかの肝煎り

**材料（2人分）**

**するめいか** …… 1ぱい
**かぶ** …… 2個
**小松菜** …… ⅓束
**しょうが** …… 30g
**サラダ油** …… 大さじ1
**塩** …… 適量
**醤油** …… 適量

**作り方**

**1** 前日に、するめいかは胴からゲソと内臓を抜き出し、切り離して、内臓から墨袋を取り除いてからさっと水洗いをする（➡p.43いかのさばき方**1**～**2**）。

**2** 肝は身の表面が白く隠れるくらいにたっぷりの塩をまぶし（強《ごう》塩《じお》）、冷蔵庫で一晩おく。

▶▶▶いかを買ったときに作業して、冷蔵庫に入れておくと1週間持ちます。

▶▶▶強塩をすると、水分と生臭さがしっかり抜けます。塩漬けの肝が冷蔵庫にあるときは、開いたいかを買うと楽に作れますよ。

## 大根とわかめの味噌汁

**材料（2人分）**

**大根** …… 80g
**わかめ**（塩蔵を戻したもの）…… 20g
**三つ葉** …… 3本
**水** …… 300㎖
**昆布**（5×5cm角）…… 1枚
**味噌** …… 20g

**作り方**

**1** 大根は4㎜厚さの半月切りにする。わかめをざく切りにする。三つ葉を適当な長さに切る。

**2** 鍋に**1**の大根と分量の水、昆布を入れて火にかける。沸騰したら火を弱めて煮る。

**3** 大根が柔らかくなったらわかめを入れ、味噌を溶き入れる。三つ葉を加える。

## おにぎりを上手ににぎる！

新米のおいしさを味わうには、おにぎりも格別です。私が理想とするのは、持ったときに形がくずれないように表面はしっかりまとまり、口に入れるとふんわりほぐれるという状態。おにぎりは「おむすび」ともいうように、〝米と米を結ぶ〟もの。ギュッと堅くにぎらないのがコツ。まずは水100㎖に塩小さじ1を溶かした塩水を用意しておきましょう。

### 俵形おにぎりのにぎり方

**1** 手を塩水でぬらし、ご飯を1個につき40g取る。左手で軽くにぎり、大まかな形を作る。

**2** 両端を右手の人差し指と中指、親指で支え、左手の親指をご飯の上に添え、成形する。

### 三角おにぎりのにぎり方

**1** 手を塩水でぬらし、ご飯を1個につき80g取る。ぬらしすぎると水っぽくなるので注意。

**2** 左手の親指のつけ根と4本の指とで押さえるように軽くにぎる。

**3** 右手で三角の山の部分を形作り、両手でご飯を手前に転がすようにしながら、形をととのえる。

# 秋の青魚を存分に味わう献立

ご飯／いわしと根菜のつみれ汁／さばのみりん干し／長いもときゅうりのごま酢和え

以前は大衆魚の代表格だったいわしやさばですが、近年は免疫力を高めたり脳を活性化する働きを持つ不飽和脂肪酸、DHAを含むとして大注目。健康にいいだけでなく、独特のおいしさも見直されています。その青魚を存分に味わおうというのがこの献立。

脂ののったさばは、その旨みに負けない濃厚な味をつけて食べごたえを出し、主菜らしい存在感を出します。いわしのつみれ汁はその持ち味を生かすため、だし汁を使わないことがポイント。水で煮ることでいわしのピュアな旨みが出て、根菜の旨みとの相乗効果でぐんとおいしくなります。

おいしさのかたまりのような汁ものと主菜があるので、副菜は合いの手にぴったりの淡味にします。甘みの入らないさっぱりとした二杯酢がベースの和えものなら飽きませんし、長いもときゅうりで歯ごたえのいいリズムが際立ちます。

## 段取りスケジュール

**3時間30分前**
あらかじめできる
さばをたれに浸け、脱水シートに挟む。

**1時間前**
あらかじめできる
米を洗い、浸水させて水気をきる。

**40分前**
いわしに塩をふる。
つみれ汁の野菜を下ごしらえする。

**30分前**
ご飯を炊き始める。
ごま酢を作る。
ごま酢和えの具を下ごしらえする。

**20分前**
つみれ汁の野菜を煮る。
いわしのつみれを作る。

**10分前**
いわしのつみれを加えて煮る。
さばのみりん干しを焼く。

**直前**
ごま酢と具を和える。

**3** 温めておいた魚焼きグリルで、**2**を両面とも香ばしく焼く。

## 長いもときゅうりのごま酢和え

**材料（2人分）**

長いも …… 100g
きゅうり …… 1本
大葉（せん切り） …… 5枚分

**ごま酢**

炒り白ごま …… 大さじ2
だし汁 …… 大さじ1
醤油 …… 大さじ1
酢 …… 大さじ1

**作り方**

**1** ごま酢の酢を耐熱容器に入れ、電子レンジに20秒かけ、常温に冷ます。他の材料を混ぜる。

**2** 長いもは3.5cm長さに切り、皮をむいてビニール袋に入れ、すりこぎ棒で叩いて割る。きゅうりは7cm長さに切り、ビニール袋に入れてすりこぎ棒で叩き、ひびの入ったところから縦四つ割りにする。

**3** ボウルに**1**と大葉を入れて合わせ、**2**を加えて和える。

**6** **1**を包丁で粗めに叩き、**A**を加え、さらに叩いて混ぜ合わせ、いわしのつみれを作る。

**7** **5**を火にかけ、**6**をスプーンで丸くとって入れる。つみれが浮き上がってきて火が通ったら**3**を加え、温める。

▶▶▶いわしから出る旨みを楽しむため、だし汁は使わないように。水がいいんです。そして一番大事なのは〝煮すぎない〟こと。ちょうどつみれに火が通って浮き上がったら煮終わりです。煮えばなのほろっと柔らかい状態がいちばんおいしいです。風味は落ちますが、冷蔵庫で3日保存可能です。

## さばのみりん干し

**材料（2人分）**

さば（30gの切り身） …… 4切れ
炒り白ごま …… 適量

**たれ**

みりん …… 大さじ2
酒 …… 大さじ1
醤油 …… 大さじ1

**作り方**

**1** バットにたれの材料を合わせ、さばを20分ほど浸ける。途中、ひっくり返す。

**2** **1**の汁気を拭き取り、白ごまを両面にふる。食品用脱水シートに挟み、冷蔵庫に3時間おく。

▶▶▶風通しのよい日陰で風乾してもかまいません。途中で裏返して、表面のたれがしっかりつくまで乾かします。この状態まで仕込んでおけば、冷蔵庫で1週間日持ちします。

## いわしと根菜のつみれ汁

**材料（2〜3人分）**

**いわしのつみれ**

いわし（三枚におろしたもの） …… 2尾分（100g）
**A** 小麦粉 …… 5g
**A** 味噌 …… 10g
**A** 長ねぎ（みじん切り） …… ⅓本分
塩 …… 適量

かぶ …… 2個
にんじん …… 30g
ごぼう …… 30g
しいたけ …… 2個
長ねぎ …… ⅓本

**煮汁**

水 …… 500mℓ
薄口醤油 …… 小さじ1½

**作り方**

**1** いわしの両面に塩をふり、20分おく。水洗いし、水気を拭く。

**2** かぶは葉を切り落とし、皮をむいてくし形に切りにする。にんじんは半月切りにする。ごぼうはたわしでよく洗って、皮つきのまま3mm幅の小口切りにする。しいたけは軸を取り、縦四つ割りにする。

**3** 長ねぎを1cm幅の小口切りにする。

**4** **2**を一緒にざるに入れ、熱湯に浸け、箸でほぐしながらさっと湯通しし、ざるごと引き上げる。

**5** 鍋に煮汁の材料と**4**を入れて火にかけ、沸いたら火を弱め、野菜が柔らかくなるまで煮る。

# 野菜たっぷり一汁二菜献立

## 大豆と大根のご飯／ごぼうととろろ昆布の吸いもの／なすの揚げ煮／にんじんのごまポン酢和え

現代は飽食になって、肉や魚を食べる機会も多くなりました。ですから、たまには野菜づくしのこんな献立も胃腸が休まっていいものです。

主菜は大豆と大根の炊き込みご飯。それに汁と副菜2品という軽やかな組み合わせは、メタボ予防にもよいでしょう。ただし、味のインパクトや食べごたえがないと、結果的にもの足りなくなって、間食にもつながります。そのため、なすは油に通し、にんじんはごま風味で和えることで、コクづけをします。ご飯も大豆を炊き込んで食感と豆の風味を生かし、満足感をアップさせるといった工夫をしています。

味つけご飯に組み合わせる吸いものは、とろろ昆布で簡単に作れます。最近では食卓に上らなくなったとろろ昆布ですが、なめらかな食感と濃厚なだしを持っているので、とても便利。食物繊維も手軽にとれる、現代のくらしのお助け食材です。

## 段取りスケジュール

**1時間前**

**ご飯の具の準備をする。**

あらかじめできる **米を洗い、浸水させて水気をきる。**

**30分前**

**ご飯を炊き始める。**

**吸いものの具を下ごしらえする。**

**ごまポン酢和えの具を下ごしらえする。**

作りおきできる **揚げ煮のなすを下ごしらえし、煮る。**

**10分前**

**吸いものの具を煮る。**

**直前**

**吸いものを仕上げる。**

**ごまポン酢と具を和える。**

**揚げ煮の仕上げをする。**

**ご飯の仕上げをする。**

作り方

1 なすは器に合う長さに切り揃え、縦に1cm間隔で切り目を入れる。2個1組にして、いかだのように竹串を刺す。

▶▶▶竹串で刺すことで、油の中でくるくる回らず、均等に火が入ります。

2 揚げ油を160℃に熱し、1を油に入れる。ときどきひっくり返しながら、3～4分揚げる。冷水にとって軽くもみ、水気を絞る。

3 鍋に煮汁の材料と2を入れて火にかけ、沸騰したらそのまま1～2分煮て器に盛る。

4 大根おろしとわけぎを混ぜ、3のなすの上にのせる。

## にんじんのごまポン酢和え

材料（2人分）

にんじん …… 60g
きゅうり …… 60g
長ねぎ …… ⅓本
塩 …… 適量

ごまポン酢
　醤油 …… 大さじ1
　酢 …… 小さじ2
　オレンジの搾り汁 …… 小さじ1
　ごま油 …… 小さじ½
　練り白ごま …… 大さじ2
　はちみつ …… 小さじ1

作り方

1 にんじんときゅうりは5cm長さのマッチ棒状に切る。1.5%濃度の塩水（水400mℓに塩小さじ1）に浸け、しんなりしたらざるに上げる。長ねぎは5cm長さのせん切りにする。

2 ごまポン酢の酢を耐熱容器に入れて電子レンジに20秒かけ、他の材料を混ぜ、1を和える。

## ごぼうととろろ昆布の吸いもの

材料（2人分）

ごぼう …… 60g
いんげん …… 2本
とろろ昆布 …… 15g
塩 …… 適量

吸い地
　だし汁 …… 300mℓ
　薄口醤油 …… 12mℓ

作り方

1 ごぼうはたわしでよく洗い、皮つきのまま斜め薄切りにする。水でさっと洗い、水気をきる。

2 いんげんは筋があれば取り、長さを半分に切り、塩ゆでして冷水にとり、水気をきる。

3 鍋に1と吸い地の材料を入れ、火にかける。沸いたら弱火にし、ごぼうに火が通るまで煮る。2を加え、温める。

4 椀にとろろ昆布を入れ、3を注ぐ。

▶▶▶とろろ昆布は近年忘れられつつある食材ですが、とてもおいしくて便利なので、ぜひ食卓に生かしてください。

## なすの揚げ煮

作りおき　冷蔵庫で3日

材料（2人分）

なす …… 4本

煮汁
　煮干しのだし汁 …… 300mℓ
　醤油 …… 30mℓ
　みりん …… 30mℓ

大根おろし …… 30g
わけぎ（小口切り） …… 1本分
揚げ油 …… 適量

## 大豆と大根のご飯

材料（作りやすい分量）

米 …… 2合（360mℓ）
大根 …… 100g
大豆水煮 …… 80g
大根の葉（または三つ葉） …… 70g
塩 …… 小さじ½

炊き地
　水 …… 300mℓ
　薄口醤油 …… 30mℓ
　酒 …… 30mℓ

作り方

1 米を洗い、水適量（分量外）に15分浸し、ざるに上げて15分おく。

2 大根は大豆と同じくらいの大きさの小角に切る。

3 大根の葉は小口切りにし、塩をまぶして手でもみ、10分おく。水で洗い、水気を絞る。

4 炊飯器の内釜に1、2、大豆水煮、炊き地の材料を入れ、早炊きモードで炊く。

▶▶▶大豆は乾物をフライパンで焼き目がつくまでから煎りした「煎り大豆（➡p.171）」を使うと、香ばしさがついて、よりおいしくなります。

5 炊き上がったら3を散らして蒸らし、さっくりと混ぜる。

# 秋のきのこを味わう献立

雑穀ご飯／はんぺんと春菊の吸いもの／炒りきのこ／まぐろヅケの山かけ

秋の味覚のひとつ、きのこをたっぷりといただく献立です。きのこは水分が多く水っぽくなりやすいので、炒りきのこは水分を飛ばすように炒るのがコツ。味が凝縮されてとてもおいしくなります。これは作りおきもできて、お弁当にも向くので、ぜひ秋に作りたい料理です。

この献立のもうひとつの主菜は、まぐろのヅケ。シャキシャキとした長いもと合わせることで、全体に柔らかい食感が多いこの献立にアクセントをつけてくれます。

ヅケまぐろには白いご飯を合わせるのが基本ですが、雑穀ご飯は味がついていないのでかまいません。お米と雑穀を一緒に炊き込むだけで食物繊維が豊富にとれるので、気分を変えてときどき炊くのもよいでしょう。吸いものもはんぺんと青みでシンプルに。料理店ではすり身で真蒸を作って椀種にしますが、ご家庭でははんぺんを利用すると簡単です。

## 段取りスケジュール

**1時間前**

あらかじめできる　米を洗い、浸水させて水気をきる。

**45分前**

まぐろの下ごしらえをし、ヅケを作る。

**30分前**

雑穀ご飯を炊き始める。

吸いものの具の下ごしらえをする。

作りおきできる　きのこの下ごしらえをし、炒める。

**15分前**

山かけの長いもを準備する。

まぐろヅケを切り分ける。

**10分前**

吸いものを作る。

まぐろヅケの山かけを仕上げる。

## まぐろヅケの山かけ

**材料（2人分）**

まぐろ（刺身用さく）…… 160g
長いも …… 120g

**ヅケ醤油**
醤油 …… 50㎖
みりん …… 25㎖
おろししょうが …… 適量

**作り方**

1. まぐろはさくのまま湯に浸け、表面がうっすら白くなったら取り出し、冷水にとって水気を拭く。
2. バットにヅケ醤油の材料を混ぜ合わせ、1を浸け、ペーパータオルをかぶせて30分ほどおく。

▶▶▶ペーパータオルをかけることで、少量のヅケ醤油でも全体に均一に行きわたります。

3. 長いもは皮をむいてざく切りにし、ビニール袋に入れてすりこぎ棒で叩く。
4. 2の汁気を拭き、そぎ切りにして器に盛る。3を添える。

**栄養MEMO**

まぐろは血液をサラサラにする効果があり、また血合いには鉄分が多く含まれるので、鉄欠乏性貧血の予防にも。EPAやDHAなどの不飽和脂肪酸も含まれるので、コレステロールの低下や中性脂肪の抑制にも効果的です。

## 炒りきのこ

作りおき　冷蔵庫で1週間

**材料（2人分）**

しいたけ …… 2個
しめじ …… 60g
まいたけ …… 60g
えのきたけ …… 30g
長ねぎ …… 1本
醤油 …… 小さじ2
サラダ油 …… 大さじ1

**作り方**

1. しいたけは軸を取り、3等分にそぎ切りにする。しめじ、まいたけは石づきを取ってばらす。えのきたけは根元を切り落とし、ほぐす。長ねぎは3㎝長さに切ってから縦4等分に切る。
2. フライパンにサラダ油を熱し、1を水分を飛ばすようにしながら炒め、火が通ったら仕上げに醤油をたらし、からませる。

**栄養MEMO**

しいたけは低カロリーで動脈硬化予防にもなる食材。人工栽培ができるようになったのは戦後。いまでは生しいたけが一年中出回って、身近な食材になりました。需要が減っていますが、干ししいたけもとても便利で、私のおすすめ食材。旨みが凝縮されてだしにもなるので、ぜひ活用してください。

## 雑穀ご飯

**材料（作りやすい分量）**

米 …… 2合（360㎖）
雑穀 …… 30g
水 …… 360㎖

**作り方**

1. 米を洗い、水適量（分量外）に15分浸し、ざるに上げて15分おく。
2. 炊飯器の内釜に1、雑穀、分量の水を入れ、早炊きモードで炊く。
3. 炊き上がったら蒸らし、さっくりと混ぜる。

## はんぺんと春菊の吸いもの

**材料（2人分）**

はんぺん …… ½枚
春菊 …… 4本

**吸い地**
だし …… 300㎖
薄口醤油 …… 12㎖
酒 …… 5㎖

**作り方**

1. はんぺんは半分に切り分け、さらに厚みを半分に切る。
2. 春菊は葉をむしり、熱湯でさっとゆで、水にとって水気をきる。
3. 鍋に吸い地の材料を入れて火にかけ、沸いたら1、2を入れて温める。

# 秋の実りのごちそう献立

ご飯／さつまいもの納豆汁／いわしのトマト煮／筑前煮／いかのなめこ和え

　秋は、里山で食材が豊かに穫れ、川や海では魚に脂がのって味わい深くなる季節。食材を豊富に使って、白いご飯のすすむ料理を揃えたこの献立は、派手さはありませんが、本当の贅沢だと思います。

　それゆえ、どの料理も素材の〝固有名詞の味〟が味わえる調理、味つけにします。つまり、いわしはいわしの味がするということです。そこで、いわしはだし汁ではなく水で煮て、昆布とトマトで旨みをプラス。美しい銀色の皮を生かすため、沸騰させずに弱火で煮ます。副菜のいかは低温でゆでて、柔らかさを残しつつすっきりした甘みにし、味つけは醤油だけ。筑前煮もだし汁を使わず、具の鶏肉やしいたけの旨みですっきりした味に。味噌汁もだし汁を使わず、さつまいもの甘みと納豆の風味を生かします。このように、素材のピュアな味を生かすと、毎日でも食べ飽きません。これが家庭料理だと思います。

## 段取りスケジュール

**1時間前**
あらかじめできる
米を洗い、浸水させて水気をきる。

**50分前**
作りおきできる
筑前煮の具を下ごしらえし、煮る。

**30分前**
ご飯を炊き始める。
作りおきできる
いわしを下ごしらえして煮る。

**20分前**
納豆汁の具を下ごしらえして煮る。
なめこ和えの具を下ごしらえする。

**直前**
納豆汁の仕上げをする。
なめこ和えの仕上げをする。

**作り方**

1. 鶏肉を20gずつに切り分ける。
2. 具材を一緒にざるに入れ、たっぷりの湯に浸ける。箸でほぐしながら30秒ほど湯通しし、ざるごと引き上げる。
3. 2の湯に1を入れ、表面がうっすら白くなったら冷水にとり、水気をきる。
4. 絹さやは筋を取って塩ゆでし、斜め半分に切る。
5. 別の鍋に2と煮汁の材料を入れ、落としぶたをして中火にかけて煮る。煮汁が半分ぐらいになったら落としぶたをとって3の鶏肉を入れ、煮汁をからませながら煮る。
6. 器に盛り、4の絹さやを散らす。

## いかのなめこ和え

**材料（2人分）**

**するめいかの胴**（開いたもの）……**130g**
**生なめこ**……**50g**
**わけぎ**……**2本**
**醤油**……**適量**

**作り方**

1. いかは表面に松笠に切り込みを入れ、1.5cm四方に切る。ざるに入れ、60℃の湯に浸け、箸でほぐしながら30秒湯通しし、冷水にとって水気を拭く。
2. なめこは水からゆで、ひと煮立ちしたらざるに上げる。わけぎは小口切りにして水でさっと洗い、水気をきる。
3. ボウルに1と2を入れて和え、器に盛りつけ、醤油をたらす。

**作り方**

1. いわしのウロコを包丁でかき取り、頭を切り落とし、内臓を取り出す。1.5％塩水（水1ℓに塩15g）で洗う。

▶▶▶スーパーなどの鮮魚売り場で、ウロコ、頭、内臓を取ってもらうと楽。

2. 鍋に80℃の湯を沸かし、1を網じゃくしにのせ、内側の身がうっすら白くなるまで15～20秒浸す。冷水にとってぬめりを洗い、水気をやさしく拭く。
3. 鍋に煮汁の材料を合わせ、2を入れて落としぶたをし、中火にかける。沸騰したらトマトとしょうがを加え、弱火で5分煮る。
4. いわしを器に盛る。トマトの薄皮を取り除き、しょうが、大葉とともにいわしに添える。

## 筑前煮

作りおき　冷蔵庫で5日

**材料（2人分）**

**鶏もも肉**……**160g**
**絹さや**……**3枚**
**塩**……**適量**

**具材**

**里いも**（乱切り）……**70g**
**にんじん**（乱切り）……**50g**
**れんこん**（5mm厚さの半月切り）……**50g**
**ごぼう**（皮つきのまま3mm厚さの斜め切り）……**30g**
**しいたけ**（軸を取る）……**2個**
**こんにゃく**（スプーンでちぎる）……**60g**

**煮汁**

**水**……**200mℓ**
**醤油**……**25mℓ**
**みりん**……**25mℓ**
**砂糖**……**10g**
**昆布**（5×5cm角）……**1枚**

## さつまいもの納豆汁

**材料（2人分）**

**さつまいも**……**100g**
**いんげん**……**5本**
**納豆**……**80g**
**水**……**300mℓ**
**昆布**（5×5cm角）……**1枚**
**味噌**……**20g**
**塩**……**適量**

**作り方**

1. さつまいもは皮つきのまま1cm厚さのいちょう切りにし、水に浸ける。
2. 鍋に湯を沸かし、1を湯通しし、ざるに上げる。いんげんは筋があれば取り、長さを半分に切り、塩ゆでする。
3. 別の鍋に分量の水、昆布、2のさつまいも、納豆を入れ、火にかけ、沸いたら弱火にしてゆっくり煮る。
4. 柔らかくなったら味噌を溶き入れ、いんげんを加えて温める。

## いわしのトマト煮

作りおき　冷蔵庫で3日

**材料（2人分）**

**いわし**……**4尾**
**トマト**（くし形切り）……**½個分**
**しょうが**（薄切り）……**1片分**
**大葉**（せん切り）……**5枚分**
**塩**……**適量**

**煮汁**

**水**……**300mℓ**
**昆布**（5×5cm角）……**1枚**
**酢**……**120mℓ**
**醤油**……**60mℓ**
**みりん**……**60mℓ**

# 軽やかで栄養バランスのよい献立

ご飯／もずくとピーマンの味噌汁／豚肉となすのあっさり煮／たくあんの土佐煮

秋は外食でごちそうを食べる機会も多くなります。そんなとき、ご家庭で本当に食べたいのは、このような栄養バランスがいいのに胃に重くない、ほっとする献立だと思います。

主菜はたんぱく質源の豚肉と油のコクでぐんとおいしくなるなすを組み合わせた、さっと煮を。豚肉はさっと湯通ししてほぐしておき、煮上がり直前に加え、柔らかくジューシーに仕上げます。

味噌汁にピーマンを使うのは意外かもしれませんが、その苦みで後口がすっきりするので、口の中がリセットされます。ピーマン臭さが苦手でも、もずくがあるので食べやすいですよ。

副菜はたくあんを生かした漬けもの代わりのようなもの。塩気を適度に抜き、かつお節を和えるので、味はまろやか。コリッとした歯ごたえで食がすすみます。作りおきができ、酒のつまみにもなるので、とても便利な一品です。

## 段取りスケジュール

### 1時間前

あらかじめできる
**米を洗い、浸水させて水気をきる。**

### 30分前

**ご飯を炊き始める。**

**味噌汁の具を下ごしらえする。**

作りおきできる
**土佐煮の具を下ごしらえし、煮る。**

**あっさり煮の具を下ごしらえし、煮る。**

### 10分前

**味噌汁を作る。**

## たくあんの土佐煮

作りおき　冷蔵庫で5日

**材料（2人分）**

たくあん …… 150g
ししとう …… 3本
醤油 …… 小さじ1
炒り白ごま …… 大さじ1
削り節 …… 10g
サラダ油 …… 小さじ1

**作り方**

**1** たくあんは小口切りにし、水の中でもみ洗いする。軽く塩分が残る程度に塩抜きをし、水気を絞る。

**2** 削り節を鍋に入れて火にかけ、から煎りしてそのまま冷ます。手で握ってつぶす。

**3** ししとうは小口切りにする。

**4** 別の鍋にサラダ油を熱して1を炒める。火が通ったら3を入れ、ししとうの青色が鮮やかになったら醤油を加えて味をからませる。火を止めて、炒りごまと2を混ぜる。

▶▶▶酒のつまみにも向く一品です。かつお節の旨みも加わって、たくあんが苦手な人もおいしく食べられます。

## 豚肉となすのあっさり煮

**材料（2人分）**

豚ばら薄切り肉 …… 50g
なす …… 2本
しらたき …… 100g
わけぎ …… 2本
黒こしょう …… 少量

**煮汁**

酒 …… 60mℓ
水 …… 30mℓ
醤油 …… 30mℓ

**作り方**

**1** 豚ばら薄切り肉は一口大に切り、湯に浸けて箸でほぐし、うっすら白くなったら水洗いし、ざるに上げる。

**2** しらたきは10cm長さに切り、水からゆでる。沸騰してから2分ゆでで、ざるに上げる。

**3** なすは長さを半分に切ってから、縦4等分に切る。わけぎは3cm長さに切る。

**4** 鍋に煮汁の材料と2、3のなすを入れて落としぶたをし、火にかける。

**5** 材料に火が通ったら1とわけぎを加え、温める。器に盛り、黒こしょうをふる。

## もずくとピーマンの味噌汁

**材料（2〜3人分）**

もずく（味のついていないもの）…… 60g
ピーマン …… 2個
だし汁 …… 300mℓ
味噌 …… 20g

**作り方**

**1** もずくは適当な長さに切り、さっと水洗いし、ざるに上げる。

**2** ピーマンは種とヘタを取り除き、細切りにする。

**3** 鍋にだし汁と味噌を入れて火にかけ、混ぜ溶かす。沸いたら1と2を入れて温める。

**栄養MEMO**

子どもがピーマンを嫌いな理由は、苦みを感じるため。大人になるとその苦みを旨みに感じるので、食べられるようになるんです。赤ピーマンなら、糖度が高いので子どもも食べやすいでしょう。栄養面では、血液サラサラ効果は緑のほうが高く、ビタミンA、C、E、カロテンが多いのは赤のほうです。

# 軽く食べたいときの変わりご飯献立

## トマトの卵かけご飯／玉ねぎとにらの吸いもの／鮭の白菜巻き

　卵かけご飯というと、どこか〝料理以前の料理〟のようにも思えます。でも、あらかじめ混ぜてリゾット風にすることで、立派なご飯ものの一品になります。ここではトマトとオクラを混ぜて、黄、赤、緑で色彩も美しくしています。

　卵かけご飯は、時間がないときに慌てて口にかき込むタイプの料理かもしれません。でも、消化に悪いので、レンゲを使ってぜひゆっくりと噛みながら食べてみてください。そのほうが野菜の味も感じられておいしくなります。

　鮭の煮ものは、作りおきしておくのがおすすめです。食べる直前に電子レンジで温めてください。この料理は、秋深まる頃においしくなる白菜の強い旨みをだしにするのがポイント。鮭の旨みとの相乗効果で、ぐんと味がよくなります。白菜は焼くひと手間が大変なら、一日ほど陰干しにして、半乾きにしてもよいでしょう。

### 段取りスケジュール

**1時間前**

**あらかじめできる** 米を洗い、浸水させて水気をきる。

**作りおきできる** 白菜巻きの生鮭に塩をふり、白菜を焼いて巻き、煮る。

**30分前**

ご飯を炊き始める。

**20分前**

卵かけご飯の具を下ごしらえする。

吸いものの具を下ごしらえする。

**10分前**

吸いものを作る。

**直前**

卵かけご飯を仕上げる。

**作り方**

**1** 生鮭は2cm角、10cm長さの棒状に切り、全体に塩をふり、30分おく。熱湯にくぐらせ、表面がうっすら白くなったら冷水にとり、水気を拭く。

▶▶▶甘塩鮭を使ってもかまいません。すでに塩味がついているので、棒状に切ったら塩をふらず、すぐに湯にくぐらせましょう。ただし、生鮭のほうが身がふっくら煮上がります。

**2** 魚焼きグリルを弱火で温め、白菜をのせ、しんなりする程度に焼く。鮭の長さに合わせて切り揃える（6切れになる）。

▶▶▶白菜はキャベツよりも旨みが強く、とくに半生にすると凝縮しておいしくなります。陰干しにしてもかまいません。

**3** 2の白菜3切れを横にして少し重ねながら並べ、手前に1をのせる。手前からくるくると巻く。もう一本作る。

▶▶▶手前に柔らかい葉、奥に堅い芯を置くと、巻きの外と内側で火の入り方が同じぐらいになります。

**4** オーブンシートを3よりひと回り大きく切り、ところどころ切り込みを入れる。3を包み、両端をねじり、たこ糸で数カ所しばる。

**5** 煮汁の材料と4を火にかけ、沸騰したら火を弱め、約5分煮る。

▶▶▶保存するときは、そのまま粗熱を取り、煮汁に浸けた状態で冷蔵庫へ。

**6** オーブンシートを開き、食べやすい大きさに切り、煮汁ごと盛る。

## 玉ねぎとにらの吸いもの

**材料（2人分）**

玉ねぎ …… 20g
にら …… 4本

**吸い地**
だし汁 …… 300mℓ
薄口醤油 …… 12mℓ

**作り方**

**1** 玉ねぎは薄切りにし、にらは適当な長さに切る。

**2** 鍋に吸い地の材料を入れて火にかけ、沸いたら1を入れ、軽く火を通す。

**栄養MEMO**

玉ねぎは生で食べると辛いですね。でも火が入ると甘みが強くなります。これは加熱によって辛み成分が分解されるからで、この吸いものも軽く加熱することで、辛みはかなりマイルドです。にらは体を温めたり滋養強壮、さらには胃腸の働きをよくし、消化促進をする働きもあります。食べ疲れがちなこの時季の、おすすめ食材です。

## 鮭の白菜巻き

**作りおき** 冷蔵庫で3日

**材料（2人分）**

生鮭 …… 100g
白菜 …… 3枚
塩 …… 適量

**煮汁**
水 …… 500mℓ
薄口醤油 …… 20mℓ
酒 …… 20mℓ

## トマトの卵かけご飯

**材料（2人分）**

ご飯（温かいもの）…… 200g
トマト …… 70g
オクラ …… 2本
卵 …… 1個
塩 …… 適量
もみのり …… 少量

**作り方**

**1** トマトは熱湯にさっと浸け、皮を湯むきし、ざく切りにする。

**2** オクラはさっと塩ゆでし、1cm幅の小口切りにする。

**3** 大きめのボウルにご飯を入れ、卵と塩少量を混ぜ合わせ、1、2、もみのりを加え、混ぜる。

▶▶▶材料が全部混ざった〝リゾット風〟。生のトマトが加わることで、彩りよく、ゆっくり噛んで食べられます。

**栄養MEMO**

いまでは国民的野菜のトマトですが、日本で普通に食べられるようになったのは昭和30年代から。旨み（グルタミン酸）が非常に強いのはもちろん、数々の有機酸を含み、消化をうながしてくれるので、肉料理や魚料理の付け合わせにもおすすめ。肉や魚で酸性に傾きがちなところをアルカリ性のミネラルで中和してくれます。

# ランチ向きの焼きおにぎり献立

## 焼きおにぎり／ブロッコリーの野菜汁／かぼちゃの南蛮煮

新米の出回るこの季節。お昼ごはんや軽くすませたい晩ごはんに、おにぎりを食べたいこともありますね。シンプルににぎっただけでももちろんおいしいのは言うまでもありませんが、ひと手間加えて醤油で香ばしく焼くと、よりいっそうお米の甘みが引き立ちます。

この献立では、ご飯が何よりの主役なので、汁はだし汁を使わず水と昆布で野菜やきのこを煮て、淡味に。相乗効果を生かしてふくよかになった旨みと醤油だけで、充分においしく仕上がります。具だくさんの煮もの代わりとしてもどうぞ。

副菜には、カロテン豊富な緑黄色野菜のかぼちゃの煮ものを。かぼちゃ料理の定番の、女性が好きな甘辛い味ではありません。豆板醤でピリ辛味にしてごま油で香ばしい香りをつけることで、かぼちゃの甘みとのバランスがよくなり、どなたにも喜んで食べてもらえる味つけになります。

### 段取りスケジュール

**1時間半前**
あらかじめできる
米を洗い、浸水させて水気をきる。

**1時間前**
ご飯を炊き始める（冷凍ご飯があれば解凍して使ってもよい）。

**30分前**
かぼちゃを下ごしらえする。
野菜汁の具を下ごしらえする。

**20分前**
炊き上がったご飯でおにぎりを作る。
かぼちゃを煮る。

**10分前**
おにぎりを焼く。
野菜汁を作る。

## かぼちゃの南蛮煮

**材料（2人分）**

かぼちゃ（種を取ったもの）…… 150g

**煮汁**

酒 …… 70㎖
水 …… 50㎖
砂糖 …… 大さじ1½
みりん …… 小さじ1
薄口醤油 …… 小さじ1弱
豆板醤 …… 小さじ½
ごま油 …… 小さじ½

**作り方**

**1** かぼちゃは約3×4㎝に切り分け、ところどころ皮を薄くむく。

**2** かぼちゃの皮目を下にし、重ならないように鍋に並べる。煮汁の材料を入れて火にかける。

▸▸▸短時間で火が入り、むらがないよう煮上げるため、かぼちゃが重ならずに並ぶ大きさの鍋を用意します。

**3** 落としぶたを水でぬらし、かぼちゃにのせ、中火で煮ていく。

**4** 煮汁が少なくなったら落としぶたをはずし、鍋をゆすりながら煮汁が残らずからみ、つやが出るまで煮る。

## ブロッコリーの野菜汁

**材料（2～3人分）**

**具**

ブロッコリー …… ¼個
大根 …… 40g
にんじん …… 40g
しいたけ …… 2個
玉ねぎ …… 80g
ごぼう …… 40g
こんにゃく …… 40g

**煮汁**

水 …… 400㎖
昆布（5×5㎝角）…… 1枚
薄口醤油 …… 大さじ1

**作り方**

**1** ブロッコリーは小房に分け、大根は1.5㎝幅の短冊切りに、にんじんは1㎝幅の短冊切りに、しいたけは軸を取って5㎜厚さに切る。玉ねぎは1㎝厚さに切る。ごぼうはたわしでよく洗い、皮つきのまま5㎜厚さの小口切りにする。こんにゃくは5㎜幅の短冊切りにする。

**2** ブロッコリーを熱湯でゆで、冷水にとり、水気をきる。

**3** 残りの具を一緒にざるに入れ、**2**と同じ湯に浸け、箸でほぐして湯通しする。ざるごと引き上げ、水気をきる。

**4** 別の鍋に**3**と煮汁の材料を入れ、火にかけて煮る。野菜に火が通ったら、**2**を加えて温める。

▸▸▸〝だし汁〟を使わなくても、野菜のグルタミン酸ときのこのグアニル酸の相乗効果で充分においしくなります。旨みが強すぎないからこそ生きる野菜の甘みを、ぜひ味わってください。昆布も刻んで食べるといいでしょう。

## 焼きおにぎり

**材料（2人分）**

ご飯（温かいもの）…… 320g
サラダ油 …… 適量
醤油 …… 適量

**作り方**

**1** ご飯を4等分にする。手に塩水（水100㎖に塩小さじ1を溶かしたもの。分量外）をつけ、それぞれ三角形ににぎる（➡p.119）。

▸▸▸冷凍ご飯を解凍して作ると時短になります。

**2** アルミ箔にサラダ油を塗り、温めておいた魚焼きグリルの網にのせ、**1**を並べて焼く。焼き色がついたら裏返し、裏面も焼く。

**3** 取り出し、はけで醤油を塗り、さらに乾かすようにして焼く。これを両面とも2～3回ずつくり返し、カリッと焼き上げる。

**栄養MEMO**

おにぎりだけを食べると酸性に偏ってバランスが悪くなりますが、アルカリ食品の野菜を組み合わせて中和させながら食べると（ここでは汁ものと副菜）、世界でも最高の長寿健康食に。これは日本らしい食事であり、先人の知恵だと思っています。

# 手早く作りたいときの丼献立

## 鮭の親子丼／なめこと豆腐の吸いもの／切り干し大根の松前漬け

常備菜や作りおきを利用して、簡単に作れる秋らしい献立をご紹介しましょう。

主菜の丼には秋を代表する魚のひとつ、鮭を使って、季節感を出します。ここで使う塩鮭はその都度焼いてもかまいませんが、3日ほど日持ちするので、多めに焼いて身をほぐし、冷蔵庫で保存すると便利です。使うぶんだけ電子レンジで温めて、ご飯に混ぜただけであっという間に鮭丼になるので、忙しいかたにもおすすめです。ここでは鮭の卵を塩漬けにした保存食、いくらを添えて贅沢な〝親子丼〟仕立てにしています。

松前漬けも常備菜の定番。昆布と野菜が一緒にいただけ、ご飯もすすむので重宝します。一週間持つので、週末にまとめて作って冷蔵庫にぜひ入れておきたいものです。ここでは汁ものもシンプルに。負担なく、簡単でもバランスのよい献立を作りましょう。

### 段取りスケジュール

**1時間前** あらかじめできる
米を洗い、浸水させて水気をきる。

**40分前** 作りおきできる
松前漬けの漬け汁を作り、具を下ごしらえし、漬ける。

**30分前**
ご飯を炊き始める。
親子丼の具を下ごしらえする。
吸いものの具を下ごしらえする。

**10分前**
吸いものを作る。

**直前**
親子丼を仕上げる。

## 切り干し大根の松前漬け

**作りおき** 冷蔵庫で1週間

**材料（2人分）**

切り干し大根（乾物）…… 10g
切り昆布（乾物）…… 10g
にんじん …… 10g

**漬け汁**
だし汁 …… 大さじ3
醤油 …… 大さじ3
酢 …… 大さじ3

**作り方**

1 切り干し大根は水でさっと洗い、水気を絞る。

2 切り昆布は水でさっと洗い、適当な長さに切る。にんじんはせん切りにする。

3 鍋に漬け汁の材料を入れてひと煮立ちさせ、常温に冷ます。1と2を漬け、30分ほどおく。

▶▶▶冷蔵庫で1週間ほど持つので、多めに作って常備菜にするとよいでしょう。お弁当にも向きます。

## なめこと豆腐の吸いもの

**材料（2人分）**

生なめこ …… 50g
豆腐 …… 50g
わけぎ …… 1本

**吸い地**
だし汁 …… 300mℓ
薄口醤油 …… 12mℓ

**作り方**

1 なめこは水からゆで、ひと煮立ちしたらざるに上げて、水気をきる。豆腐は小角に切る。わけぎは斜め切りにする。

2 鍋に吸い地の材料と1のなめこ、豆腐を入れ、火にかける。沸いたらわけぎを加えて温める。

**栄養MEMO**

きのこは低カロリー、しかも食物繊維が40％も含まれ、腸内の老廃物や有害物を排泄して血液をきれいにしてくれます。なめこのぬめりはムチンという成分で、一緒に食べるたんぱく質やアミノ酸の吸収をよくしてくれます。

## 鮭の親子丼

**材料（2人分）**

ご飯（温かいもの）…… 400g
塩鮭（甘塩）…… 100g
三つ葉 …… 6本
いくら …… 80g

**作り方**

1 塩鮭は、温めておいた魚焼きグリルで焼く。身をほぐし、骨などを取り除く。

▶▶▶塩鮭は焼いておくと冷蔵庫で3日ほど持ちます。朝ごはんに塩鮭を食べるときにまとめて焼いておけば、すぐに使えます。

2 三つ葉はさっとゆで、冷水にとり、食べやすい大きさに切る。

3 ご飯と1、2をさっくりと混ぜ、茶碗に盛る。上にいくらをのせる。

▶▶▶丼が主役の献立なので、ご飯の量が1人分200gと多めです。お好みで減らしてください。

**栄養MEMO**

鮭の脂肪には動脈硬化の原因となる血栓を予防するEPAや〝頭がよくなる〟として知られるDHAが、いくらにはアンチエイジングに効果があるというビタミンEが多く含まれています。ちなみに、鮭の身が赤いのは、エサとなる海老の色素によるものですよ。

# 集い向きの変わりちらしずし献立

温《ぬく》ちらしずし／豆腐の吸いもの／かやく煮／いんげんのごま和え

見た目にも美しい、錦秋をイメージさせるちらしずしの献立。華やかなこの料理は、おもてなしにも向きます。

ちらしずしは常温のものと思いがちですが、これは食べる直前に炊きたてのご飯とすし酢を混ぜてほの温かい状態でお出しします。肌寒い日も多くなるこの時季にぴったりですし、海老などの魚介は、少し温めたほうが食感が柔らかく、旨みも強く感じられるので、よりおいしく味わえます。

主役のすしを生かすため、汁ものは豆腐としいたけ、青みが具の淡味の吸いものにします。

副菜2品はたっぷりと野菜を食べるのが目的です。甘みをつけずにさっと火を通したかやく煮は、さしずめ「煮たサラダ」。生よりもかさが減るのでたっぷりといただけて、口の中もさっぱりします。もう1品の副菜では、青い野菜をごま和えにしてコクをプラスすることで、味のバランスをとっています。

## 段取りスケジュール

### 1時間前

あらかじめできる　米を洗い、浸水させて水気をきる。

### 40分前

温ちらしずしの具を準備する。

あらかじめできる　すし酢を作る。

### 30分前

ご飯を炊き始める。

作りおきできる　かやく煮の具を下ごしらえし、煮る。

ごま和えのいんげんを下ごしらえする。

吸いものの具を下ごしらえする。

### 15分前

### 10分前

吸いものを作る。

和え衣を作る。

### 直前

すし飯を作ってちらしずしを仕上げる。

いんげんを和え衣で和える。

**2** フライパンにサラダ油を熱し、1のなすを並べ、半分ほど火を通す。酒、醤油を加えて煮る。

**3** なすに火が通ったら、みょうが、しょうが、わけぎを加え、煮汁をからませる。

## いんげんのごま和え

**材料（2人分）**

いんげん …… 80g
醤油 …… 少量

**和え衣**
炒り黒ごま …… 25g
砂糖 …… 大さじ1
醤油 …… 大さじ1

**作り方**

**1** いんげんは筋があれば取り、両端を切り落とし、3～4㎝長さに切る。沸騰した湯でゆで、冷水にとり、余熱が残る程度でざるに上げる。

**2** ボウルに醤油と1を入れ、もんで醤油をからませる（醤油洗い）。

**3** 黒ごまを半ずりにし、別のボウルに入れる。砂糖と醤油を合わせて和え衣を作り、2の汁気をしっかり絞ってから和える。

**6** ご飯が炊き上がったら、熱いうちに3と4、白ごまを一緒に混ぜ合わせる。温かいうちに器に盛り、具をのせる。

## 豆腐の吸いもの

**材料（2人分）**

絹ごし豆腐 …… ¼丁
しいたけ …… 2個
三つ葉 …… 10本
おろししょうが …… 少量

**吸い地**
だし汁 …… 300㎖
薄口醤油 …… 12㎖

**作り方**

**1** 豆腐は半分に切り、しいたけは軸を取る。三つ葉は熱湯でさっとゆで、冷水にとって適当な長さに切る。

**2** 鍋に吸い地の材料、1の豆腐、しいたけを入れて火にかけ、豆腐に火が通ったら三つ葉を加えて椀に盛り、おろししょうがをのせる。

## かやく煮

作りおき　冷蔵庫で3日

**材料（2人分）**

なす …… 2本
みょうが …… 2個
しょうが …… 20g
わけぎ …… 2本
酒 …… 100㎖
醤油 …… 30㎖
サラダ油 …… 大さじ1

**作り方**

**1** なすは縦半分に切ってから横半分に切る。みょうがは縦四つ割りに、しょうがは細切りに、わけぎは5㎝長さに切る。

## 温《ぬく》ちらしずし

**材料（作りやすい分量）**

米 …… 3合（540㎖）
水 …… 480㎖

**すし酢**
酢 …… 大さじ4弱
砂糖 …… 大さじ5
塩 …… 大さじ1

**薬味**
しょうが（みじん切り） …… 40g
大葉（せん切り） …… 10枚分
炒り白ごま …… 大さじ4

**具**
**炒り玉子**
卵 …… 1個
水 …… 大さじ2
砂糖 …… 大さじ½
薄口醤油 …… 小さじ½
うなぎ蒲焼き（一口大に切る） …… 1尾分
いくら …… 適量
海老 …… 12尾
三つ葉 …… 8本
もみのり …… 適量

**作り方**

**1** 米を洗い、水適量（分量外）に15分浸け、ざるに上げて15分おく。

**2** 炊飯器の内釜に1と分量の水を入れ、早炊きモードで炊く。

**3** すし酢の材料をよく混ぜ溶かす。

▶▶▶冷蔵庫で3カ月ほど持ちます。まとめて作って保存瓶に入れておくと、塩がなじんで味がまとまります。

**4** しょうがと大葉をざるに入れて水でさっと洗い、水気を拭き取る。

**5** ステンレスのボウルに卵と水を溶き、砂糖と醤油を混ぜ、湯煎にかけて泡立て器で混ぜながら、ふんわりと固まるまで火を通す。海老は殻つきのまま70℃の湯で5～6分ゆで、殻をむいて切り分ける。三つ葉は熱湯でさっとゆで、冷水にとって適当な長さに切る。

# 胃腸を休ませたいときの献立

## きのこそば／にんじんと豆腐のごま醤油和え

秋は実りの季節。食材が豊かに出回り、飽食になりすぎて、胃腸が重い日もあるでしょう。そんなときは無理をせず、野菜やきのこを中心にした軽食で調子を整えましょう。

この献立では、ローカロリーで食物繊維も豊富、しかも旨み豊かなきのこを、一人あたりたっぷりと150gいただきます。きのこは何種類かを取り揃えると味わいが増幅して、よりおいしくなります。

そばときのこだけでは、もの足りないように思えるかもしれませんが、温かいつゆがお腹にも心にも満足感を与えてくれます。慌てることなくゆっくりと食べてみてください。充分、お腹いっぱいになります。

ただ、この1品だけではたんぱく質が不足するので、副菜で豆腐をベースに野菜と組み合わせ、バランスをとります。香ばしくコクのあるごまの味つけで、食べごたえも充分出ます。

### 段取りスケジュール

**30分前**
あらかじめできる
合わせ醤油を作り、切り昆布を下ごしらえして浸ける。

**25分前**
そば用にたっぷりの湯を沸かす。
きのこの下ごしらえをする。
ごま醤油和えの具を下ごしらえする。

**15分前**
そばをゆでる。

**5分前**
きのこそばを仕上げる。
ごま醤油と具を和える。

## にんじんと豆腐のごま醤油和え

**材料（2人分）**

木綿豆腐 …… 100g
にんじん …… 80g
大葉 …… 3枚
炒り白ごま …… 大さじ1
切り昆布（乾物） …… 5g

**合わせ醤油**

醤油 …… 大さじ2
水 …… 大さじ2
酒 …… 大さじ1
みりん …… 大さじ1

**作り方**

1 切り昆布は水でさっと洗って表面の塩気を落とし、はさみで適当な長さに切る。

2 合わせ醤油の材料を小鍋に入れ、ひと煮立ちさせる。冷まして1を浸け、昆布を柔らかく戻す。

▶▶▶冷蔵庫で3週間持ちます。

3 豆腐は適当な大きさに切り分け、ざるに上げて水気をきる。

4 にんじんはせん切りにし、熱湯で1分ゆで、冷水にとり、ざるに上げる。大葉はせん切りにし、さっと水で洗って水気をきる。

5 2の切り昆布の汁気をきり、4、炒り白ごまと和える。3と一緒に盛る。

## 胃腸を休ませるにはお粥もおすすめ

体にやさしいお粥は、具や薬味を変えるだけでもバリエーションが広がり、ちょっと具合が悪いときにもぴったり。1品でも栄養がとれる秋のお粥をご紹介します。

### 豆乳粥

**材料（2人分）**

ご飯 …… 100g
水 …… 300mℓ
豆乳（成分無調整） …… 200mℓ
薄口醤油 …… 小さじ½
塩 …… 小さじ½
里いも …… 60g
にんじん …… 30g
しいたけ …… 3個
わけぎ（小口切り） …… 2本分

**作り方**

1 里いもは洗って皮をむき、1cm厚さの輪切りにする。にんじんは5mm厚さのいちょう切りに、しいたけは軸をとって縦四つ割りにする。

2 1を一緒にざるに入れて熱湯に浸け、箸でさっとほぐしてざるごと引き上げる。

3 鍋に分量の水と2を入れて火にかけ、沸いたら弱火にして野菜が柔らかくなるまで煮る。

4 ご飯、豆乳、薄口醤油、塩を加えて混ぜ、ひと煮立ちしたら器に盛る。わけぎをのせる。

## きのこそば

**材料（2人分）**

そば（乾麺） …… 250g
しいたけ …… 2個
しめじ …… 50g
まいたけ …… 50g
えのきたけ …… 50g
生なめこ …… 100g
三つ葉（ざく切り） …… 5本分

**つゆ**

だし汁 …… 600mℓ
薄口醤油 …… 40mℓ
みりん …… 20mℓ

**作り方**

1 しいたけは軸を取って厚めに切る。しめじ、まいたけは石づきを取り、ばらす。えのきたけは根元を切り落としてほぐす。

2 1となめこを一緒にざるに入れ、熱湯に浸けて箸でほぐしてさっと湯に通し、ざるごと引き上げる。

▶▶▶きのこは1人あたりたっぷり150gほど。秋の味覚を存分に味わってください。

3 たっぷりの湯でそばをゆでる。ゆで上がったら冷水にとり、表面のぬめりを洗い、ざるに上げる。

4 別の鍋につゆの材料と2を入れ、火にかける。沸いたら3を入れて温め、三つ葉を入れる。

▶▶▶お好みで七味唐辛子をふると、ピリッと刺激が加わって、汁のおいしさが引き立ちます。

# 献立を豊かにする秋の料理

主菜

脂がのって味深まる魚料理は、ご飯がすすむ絶妙な味つけが決め手。

煮込まないからジューシー。
ヨーグルトで味がマイルドになり、とろみもつきます

## さばの味噌煮

**材料（2人分）**

さば（80gの切り身）……2切れ
塩……適量
しいたけ……2個
わけぎ……適量
しょうが……10g

**煮汁**

水……100mℓ
酒……100mℓ
信州味噌……45g
砂糖……大さじ2
ヨーグルト（無糖）……50g

**作り方**

**1** さばは皮に×の切り目を入れ、両面に塩をふり、20～30分おく。

**2** しいたけは軸を取り、しょうがは薄切りにする。煮汁の材料を混ぜ溶かす。

**3** 鍋に湯を沸かし、2のしいたけとわけぎをそれぞれ湯通しし、ざるに上げる。わけぎは適当な長さに切る。

**4** 3と同じ湯に1を浸け、表面がうっすら白くなったら冷水にとり、水気を拭く。

**5** さばがちょうど並ぶ鍋に4と3のしいたけを並べ、2の煮汁を入れ、落としぶたをして火にかける。沸いたらしょうがを加え、2～3分煮てさばを取り出す。

**6** 煮汁を煮詰めて少しとろみをつけ、さばを戻して温める。

▶▶▶さばは煮続けませんよ！

**7** 器に6とわけぎを盛る。

秋の風物詩、さんまの塩焼きに
ひと工夫。ねぎをのせて香りよく

## さんまのねぎ焼き

**材料（2人分）**

**さんま**（三枚におろしたもの）……**2尾分**
**塩**……**適量**
**わけぎ**……**30g**
**卵白**（布ごししたもの）……**½個分**
**醤油**……**適量**
**すだち**（半割り）……**2切れ**

**作り方**

**1** さんまは両面に塩をふり、15分おく。

**2** わけぎを小口切りにし、ボウルに入れ、卵白と混ぜ合わせる。塩をひとつまみ加える。

**3** 1を水で洗い、水気を拭き取り、長さを半分に切る。

**4** 温めておいた魚焼きグリルで3を焼き、8割がた焼けたら醤油をはけでさっとひと塗りする。

**5** 4の皮目に2をのせ、魚焼きグリルに入れ、表面が乾いてわけぎに火が通るまで焼く。

**6** 器に盛り、すだちを添える。

---

柔らかく上品な太刀魚に
甘辛い味をさっとまとわせて

## 太刀魚の照り焼き

**材料（2人分）**

**太刀魚**……**2切れ**
**小麦粉**……**適量**
**かぼちゃ**（7㎜厚さのくし形切り）……**60g**
**ししとう**……**4本**
**サラダ油**……**適量**

**たれ**
**酒**……**90mℓ**
**みりん**……**90mℓ**
**醤油**……**20mℓ**

**作り方**

**1** 太刀魚の皮にはけで薄く小麦粉をまぶす。フライパンにサラダ油を熱し、中火で太刀魚を焼く。

▶▶▶魚の照り焼きは、両面に塩をふって20分ほどおき、水洗いして水気を拭き取ってから小麦粉をまぶすのが基本です。ただし、太刀魚は身が薄く、塩辛くなるのでこの作業はしません。ほかの魚で作るときは、行ってください。

**2** 片面が焼けたらかぼちゃを加え、一緒に焼いて焼き色をつける。

**3** 太刀魚の両面ともにしっかり焼き色がついたら、ペーパータオルでフライパンの余分な油と汚れを拭き、火を弱め、たれの材料を一気に加える。

**4** 煮立ってきたら強火にし、煮汁を煮詰める。煮汁が少なくなったらししとうを加え、フライパンを回してたれをからませながら照りよく仕上げる。

味噌の香りと濃厚な旨みで
上品な白身魚を味わいます

# すずきの田楽

**材料（2人分）**

すずき（50gの切り身）……4切れ
塩……適量

**合わせ味噌**

味噌……50g
砂糖……大さじ1
みりん……大さじ½
酒……大さじ½
水……大さじ1

穂じそ……7本

**作り方**

**1** すずきは両面に塩をふって20分おき、水で洗い、水気を拭き取る。

**2** ボウルに合わせ味噌の材料を入れ、よく混ぜ合わせる。穂じその穂をしごき取り、加え混ぜる。

**3** 温めておいた魚焼きグリルで1を焼く。両面とも焼けたら皮に2を塗り、再びグリルで軽くあぶって温める。

---

甘みをつけないすっきりした煮汁で
脂ののってきた秋のいわしを堪能

# いわしの信田巻き

**材料（2人分）**

いわし……4尾
塩……適量
わけぎ……5本
油揚げ……2枚

**煮汁**

水……300mℓ
薄口醤油……20mℓ
酒……20mℓ

**作り方**

**1** いわしはウロコを包丁でかき取り、頭を切り落とし、内臓を取る。皮側、内側の身とも水で洗い、内側から手開きにし、塩をふる。15分おき、水洗いして水気を拭く。

▶▶▶いわしの内臓を取るところまでは、スーパーなどの鮮魚売り場でやってもらうとよいでしょう。

**2** 油揚げは両端を切り落とし、手ではがすようにして1枚に開く。熱湯に浸けて油抜きをし、水気を絞る。

**3** わけぎはいわしの長さに合わせて切り揃える。

**4** 2を内側が下になるように敷き、油揚げ1枚にいわし2尾分を、頭側と尾側を互い違いになるようにのせる。中央にわけぎをのせ、芯にしてくるくると巻く。たこ糸で数カ所をしばる。

**5** 4がちょうど入る大きさの鍋に並べ、煮汁の材料を入れ、落としぶたをして火にかける。沸いたら弱火にし、5分ほど炊く。

**6** 一口大に切り分け、器に盛り、煮汁をかける。

鮭ときのこ、菊を組み合わせて
秋の風情あふれる一品に

# 鮭のきのこあんかけ

### 材料（2人分）

生鮭（80gの切り身）…… 2切れ
塩 …… 適量
小麦粉 …… 適量
揚げ油 …… 適量

**きのこあん**
しいたけ …… 30g
しめじ …… 30g
まいたけ …… 30g
えのきたけ …… 30g
長ねぎ …… 30g
春菊 …… 15g
黄菊 …… 大2輪

**煮汁**
だし汁 …… 150mℓ
薄口醤油 …… 10mℓ
酒 …… 10mℓ

水溶き片栗粉 …… 小さじ2

### 作り方

**1** 生鮭の両面に塩をふり、20分おく。水で洗い、水気を拭く。

**2** しいたけは軸を取り、厚めに切る。しめじとまいたけは石づきを取り、適当な大きさにばらす。えのきたけは根元を切り落としてほぐし、長さを半分に切る。

**3** **2**を一緒にざるに入れ、熱湯に浸けて箸でほぐし、ざるごと引き上げる。

**4** 長ねぎは3cm長さに切ってから縦4等分にする。春菊は葉をむしり、**3**と同じ湯でさっとゆで、冷水にとり、適当な長さに切る。黄菊は花びらをむしり、酢少量（分量外）を入れた湯でさっとゆで、冷水にとってさっと洗い、水気を絞る。

**5** **1**にはけで薄く小麦粉をまぶし、170℃に熱した揚げ油で揚げる。

**6** 鍋に煮汁の材料と**3**、**4**の長ねぎを入れて火にかけ、沸いたら春菊と黄菊を加える。水溶き片栗粉を加えて混ぜ、とろみをつけてあんにする。

**7** 器に**5**を盛り、**6**をかける。

桜海老の紅色が食卓を華やかにする
ねぎの香り漂う人気の揚げもの

## 干し桜海老のかき揚げ

**材料（2人分）**

**干し桜海老 …… 30g**
**長ねぎの青い部分 …… 50g**
**小麦粉 …… 大さじ1**

**天ぷら衣**
**小麦粉 …… 60g**
**水 …… 120㎖**

**揚げ油 …… 適量**
**塩 …… 適量**

**作り方**

1 長ねぎは斜め薄切りにする。

2 ボウルに1と桜海老を入れ、小麦粉を全体的にまぶす。

3 別のボウルに天ぷら衣の材料を入れて混ぜ合わせ、2をざっくりと混ぜる。

4 揚げ油を170℃に熱し、3の半量を玉じゃくしでとって油に入れ、もう半量も入れてカラリと揚げる。

5 器に盛り、塩を添える。

▶▶▶塩ではなく、お好みで醤油を数滴たらしたり、天つゆに浸けてもいいでしょう。

たんぱく質と野菜たっぷりで
バランスのよいメインのおかず

## 海老と豆腐の玉子炒め

**材料（2人分）**

**海老 …… 8尾**
**木綿豆腐 …… 160g**
**にら …… 4本**
**長ねぎ …… 40g**

**卵液**
**卵 …… 1個**
**水 …… 大さじ1**
**薄口醤油 …… 大さじ1**

**サラダ油 …… 大さじ1**
**黒こしょう …… 適量**

**作り方**

1 木綿豆腐はざるに上げ、水きりをする。にらは3cm長さに、長ねぎはみじん切りにする。卵液の材料を溶き混ぜる。

2 海老は殻をむいて背わたを取り、背開きにする。水で洗って水気を拭き取る。

3 フライパンにサラダ油を熱し、2を炒め、表面が赤くなったら1の豆腐を手でくずしながら加え、炒め合わせる。にらと長ねぎも混ぜ、温まったら卵液を流し入れ、大きく炒め合わせて半熟状にし、黒こしょうをふる。

# 副菜

食材豊かな秋の副菜は、
新米と味噌汁に添えるだけで、充実の献立に。

さつまいもの豊かな甘みで
不足しがちな海藻を存分に

## さつまいもの切り昆布煮

作りおき　冷蔵庫で5日

**材料（2人分）**

さつまいも …… 150g
切り昆布（乾物）…… 10g

**煮汁**
水 …… 100㎖
酒 …… 100㎖
みりん …… 20㎖
醤油 …… 10㎖

**作り方**

1. さつまいもは皮つきのまま5㎜厚さのいちょう切りにし、水にさらす。ざるに上げて水気をきる。
2. 切り昆布は水でさっと洗って表面の塩気を流し、はさみで2㎝ほどの長さに切る。
3. 小さめの鍋に1、2、煮汁の材料を入れて中火にかけ、汁気がほとんどなくなるまで煮る。

---

大根にしいたけの旨みがじっくり
しみ込んだ滋味あふれる一品

## しいたけと大根の煮浸し

作りおき　冷蔵庫で2日

**材料（2人分）**

大根 …… 120g
しいたけ …… 2個
春菊 …… 2株

**煮汁**
水 …… 150㎖
薄口醤油 …… 15㎖
酒 …… 5㎖
昆布（5×5㎝角）…… 1枚

**作り方**

1. 大根は5㎜厚さ、3.5㎝長さの短冊切りにする。しいたけは軸を取り、厚めに切る。春菊は葉をむしる。
2. 1の大根としいたけを一緒にざるに入れて熱湯に浸し、箸でほぐし、ざるごと引き上げる。同じ湯で春菊の葉をゆで、冷水にとって水気をきる。
3. 別の鍋に煮汁の材料、2の大根、しいたけを入れて火にかける。大根に火が通ったら火を止め、粗熱を取る。2の春菊を浸し、そのまま冷ます。

野菜たっぷり、しっかりした味の具が
パリパリした油揚げと調和する

# 油揚げのねぎ焼き

**材料（2人分）**

油揚げ …… 2枚

**具**

- 玉ねぎ …… 1/8個
- わけぎ …… 1本
- 油揚げ …… 1枚

薄口醤油 …… 小さじ1
醤油 …… 適量

**作り方**

1. 具の玉ねぎと油揚げはみじん切りに、わけぎは小口切りにする。これらをフライパンで軽くから炒りし、薄口醤油で下味をつける。

2. 油揚げは半分に切り、袋状に開いて裏返す。1を詰める。

3. 温めておいた魚焼きグリルに2をのせ、両面をこんがり焼く。はけで醤油を塗り、乾かすように焼く。これを2〜3回くり返す。

---

旨みあふれるあじの干ものが味のベース。
すっきりした二杯酢で、野菜がおいしい

# 玉ねぎとあじのかやく和え

**材料（2人分）**

あじの干もの …… 1枚
玉ねぎ …… 1/4個
大葉 …… 3枚
しょうが …… 10g

**二杯酢**

- 酢 …… 大さじ1
- 醤油 …… 大さじ1

炒り白ごま …… 大さじ1

**作り方**

1. あじの干ものは香ばしく焼き、身を粗くほぐし、骨を取り除く。

2. 玉ねぎは薄切りにし、水にさらす。大葉、しょうがは細いせん切りにし、水でさっと洗い、ざるに上げる。

3. 二杯酢の酢は耐熱容器に入れて電子レンジに20秒かける。常温に冷まし、醤油と合わせる。

4. ボウルに1と2、3、炒り白ごまを入れ、さっくりと和える。

山椒のスッとした香りとごま油のコク、
じゃこの旨みがアクセント

## じゃこ南京

**作りおき** 冷蔵庫で5日

**材料（2人分）**

かぼちゃ（種を取ったもの）
…… 100g
ちりめんじゃこ …… 25g
粉山椒 …… 小さじ½
ごま油 …… 大さじ1

**たれ**

酒 …… 60mℓ
みりん …… 60mℓ
醤油 …… 10mℓ

**作り方**

**1** かぼちゃは皮つきのまま、厚さ5mmのくし形に切る。

**2** フライパンにごま油を熱し、強火で**1**を炒める。両面に焼き色がついたら、ペーパータオルでフライパンを拭き、火を弱める。たれの材料を一気に加え、強火で煮る。

**3** たれが煮詰まって泡が大きくなってきたら、ちりめんじゃこと粉山椒を加え、全体にからませる。

▶▶▶かぼちゃは強火で短時間で煮ると、ホクホクとしておいしく仕上がります。粉山椒や、ほかに豆板醤など刺激のある香りをプラスすると、甘ったるさが弱まり、どなたにも食べやすくなります。

---

きのこたっぷり、
秋らしさあふれる小鉢は満足感たっぷり

## 里いものきのこあんかけ

**材料（2人分）**

里いも …… 6個
しいたけ …… 20g
しめじ …… 20g
まいたけ …… 20g
えのきたけ …… 20g
生なめこ …… 20g

**煮汁**

水 …… 300mℓ
薄口醤油 …… 大さじ1½
みりん …… 大さじ1
酒 …… 大さじ1
昆布（5×5cm角）…… 1枚

水溶き片栗粉 …… 大さじ1

**作り方**

**1** 里いもは皮をむき、かぶるくらいの水（分量外）とともに鍋に入れ、火にかける。沸騰したらそのまま3分程度ゆで、水にとってぬめりを取る。

**2** しいたけは軸を取って厚めに切り、しめじ、まいたけは石づきを取り、ばらす。えのきたけは根元を切り落としてほぐす。これらとなめこを一緒にざるに入れ、熱湯に浸けて箸でほぐし、ざるごと引き上げる。

**3** 鍋に**1**と煮汁の材料を入れて火にかける。沸騰したら弱火にし、里いもが柔らかくなるまで20分程度炊き、里いもを器に盛る。

**4** **3**の煮汁から昆布を取り出して**2**を加え、火が通ったら水溶き片栗粉を加え、大きく混ぜてとろみをつける。**3**にかける。

季節の味ごはんと、新米に合わせる具だくさんの汁もの。秋の実りを堪能しましょう。

秋深まって出回るぎんなんを存分に味わう
香り豊かなごちそうご飯

# 帆立とぎんなんの炊き込みご飯

**材料（作りやすい分量）**

米 …… 2合（360mℓ）
帆立貝柱 …… 4個
ぎんなん …… 12個
三つ葉の軸 …… 5本分

**炊き地**

水 …… 300mℓ
薄口醤油 …… 30mℓ
酒 …… 30mℓ

**作り方**

1 米は洗って水適量（分量外）に15分浸し、ざるに上げて15分おく。

2 ぎんなんは殻を割り、鍋に入れる。ひたひたの水から火にかける。網じゃくしの底で転がしながら薄皮を取り除く。三つ葉は軸をざく切りにする。

▶▶▶水の中でやさしくこすると、自然と薄皮がむけます。

3 炊飯器の内釜に1、炊き地の材料、2のぎんなんを入れて軽く混ぜ、炊飯器の早炊きモードで炊く。

4 途中、湯気が上がってきたら帆立貝柱を手で縦に裂いてのせ、ふたをして炊き上げる。三つ葉を散らし、5分蒸らす。上下をさっくりと混ぜる。

▶▶▶帆立貝柱は火が入りすぎるとおいしくありません。お米に旨みが移りながら、帆立自体もジューシーでおいしくいただけるよう、炊飯の途中で加えます。

この1品でも栄養バランスばつぐん、
しみじみおいしい定番の炊き込みご飯

## 五目炊き込みご飯

**材料（2人分）**

米 …… 2合（360㎖）

**具**

- 大根 …… 50g
- にんじん …… 30g
- しめじ …… ½パック
- 油揚げ …… ½枚
- 芽ひじき（水で戻したもの）…… 乾物3～4g分
- 三つ葉 …… 5本

**炊き地**

- 水 …… 300㎖
- 薄口醤油 …… 40㎖
- 酒 …… 20㎖

**作り方**

**1** 米は洗い、水適量（分量外）に15分浸し、ざるに上げて15分おく。

**2** 大根とにんじんは5㎜角、3.5㎝長さの拍子木切りにする。しめじは石づきを取り、ばらす。油揚げは横に3等分に切ってから、細かくせん切りにする。これらとひじきをざるに入れる。

**3** 三つ葉は熱湯でさっとゆで、冷水にとり、3.5㎝長さに切る。同じ湯に**2**をざるごと浸け、箸でほぐしながら湯通しし、ざるごと引き上げて水気をきる。

**4** 鍋に炊き地と三つ葉以外の**3**を入れて、ひと煮立ちさせ、具と煮汁に分ける。

**5** 炊飯器の内釜に**1**と**4**の煮汁を入れ、早炊きモードで炊く。湯気が上がってきたら**4**の具を入れ、炊き上げる。

**6** さっくりと混ぜほぐし、碗によそい、三つ葉を散らす。

---

大豆は最初から炊き、じゃこは仕上げに
混ぜて、具のおいしさも堪能

## 大豆とじゃこの炊き込みご飯

**材料（2人分）**

- 米 …… 2合（360㎖）
- 大豆（乾物）…… 50g
- ちりめんじゃこ …… 40g
- 大葉 …… 5枚

**炊き地**

- 水 …… 300㎖
- 薄口醤油 …… 30㎖
- 酒 …… 30㎖

**作り方**

**1** 米を洗って水適量（分量外）に15分浸し、ざるに上げて15分おく。

**2** フライパンに大豆を入れて弱火にかけ、焦げ目がつくまでから煎りする。

▶▶▶この「煎り大豆」は、まとめて香ばしく煎って、密閉容器に入れておくと便利です。

**3** 大葉はせん切りにし、水でさっと洗って水気を拭き取る。

**4** 炊飯器の内釜に**1**、**2**、炊き地の材料を入れて軽く混ぜ、早炊きモードで炊く。

**5** 炊き上がったらちりめんじゃこをのせ、しゃもじでさっくりと混ぜほぐし、碗に盛って**3**をのせる。

秋の贅を味わう
炊飯器で炊く簡単おこわ

# 炊き栗おこわ

**材料（2人分）**

もち米 …… 2合（360mℓ）
栗 …… 5〜6個
油揚げ …… ½枚
炒り黒ごま …… 適量

**炊き地**

水 …… 330mℓ
塩 …… 小さじ½弱

**作り方**

1. 栗は鬼皮と渋皮をむき、1.5cm角に切る。油揚げはみじん切りにし、熱湯に浸けて油抜きをし、水気を絞る。
2. もち米はたっぷりの水の中で大きく混ぜる程度に洗う。これを数回くり返し、ざるに上げる。
3. 2を浸水させずに炊飯器の内釜に入れ、炊き地の材料と1を入れ、早炊きモードで炊く。

▶▶▶もち米を炊飯器で炊くときは、浸水させません。もち米は水を吸いやすいので、浸水させると炊き上がりが水っぽくなります。蒸し器で蒸すときは、3時間ほど浸水させましょう。

4. さっくりと混ぜほぐし、碗によそい、黒ごまをふる。

COLUMN

# 日本を代表する発酵食品
# 味噌について

白いご飯の相棒といえば、味噌汁ですね。その味の決め手になる味噌は、古くから日本で作られてきた発酵食品。材料は大豆、塩、麹（米、麦、大豆）の3つと非常にシンプルながら、塩や麹の割合、麹の種類、発酵期間などの違いで味も色も変わります。土地土地の食文化や穫れる作物とも密接に関わるため、日本全国にはさまざまな味噌があります。

この本のほとんどのレシピで「味噌」と表記して、種類を特定していないのは、みなさまが普段お使いのものやお好みのものを使ってほしいから。ときに「西京白味噌」や「八丁味噌」と出てきますが、これも他の味噌に替えていただいてかまいません。量だけ加減してください。

ただ、できれば一つだけこだわってほしいこと。原材料を見て、できるだけ添加物のない、長期熟成の〝ほんものの味噌〟を選んでください。酵母が生きていて、体にもいい働きをしてくれます。

ここでは、代表的な味噌6種類についてご紹介。どこか頭の片隅においておくと、味つけが決まりやすくなるでしょう。

| 味噌の種類 | 大豆と麹の割合 | 塩分濃度 | 発酵期間 | 色 | だし汁の有無 |
|---|---|---|---|---|---|
| 八丁味噌 | 大豆のみ | 10～12％ | 長い（3年） | 濃い | 必要 |
| 仙台味噌 | 大豆10：米麹6 | | | | |
| 越後味噌 | 大豆10：米麹7 | | | | |
| 信州味噌 | 大豆10：米麹8 | | | | |
| 江戸味噌 | 大豆10：米麹10 | | | | |
| 西京白味噌 | 大豆10：米麹20 | 5～7％ | 短い（1カ月） | 淡い | 不要 |

れんこんの上品なとろみを生かした
具だくさんの汁

## れんこんと納豆のとろろ汁

**材料（2人分）**

- **れんこん**（皮をむいてすりおろしたもの）…… 70g
- **納豆** …… 80g
- **味噌** …… 30g
- **水** …… 300㎖
- **昆布**（5×5㎝角）…… 1枚
- **練り和がらし** …… 小さじ½
- **わけぎ**（小口切り）…… 適量

**作り方**

**1** ボウルにれんこん、納豆、味噌を入れ、よく混ぜ合わせる。

▶▶▶具材が多く入るため、他の味噌汁よりも味噌の量が少し多めです。

**2** 鍋に分量の水と昆布を入れ、**1**を加えて火にかける。混ぜながら火を入れ、沸いたら和がらしを加え混ぜる。

**3** 器に盛り、わけぎをのせる。

---

秋の実りをたっぷりと使った
昔ながらの汁もの

## いものこ汁

**作りおき** 冷蔵庫で3日

**材料（2人分）**

- **里いも** …… 小8個
- **しいたけ** …… 20g
- **しめじ** …… 20g
- **まいたけ** …… 20g
- **えのきたけ** …… 20g
- **生なめこ** …… 20g
- **水** …… 400㎖
- **昆布**（5×5㎝角）…… 1枚
- **味噌** …… 30g
- **かぶの葉** …… 適量

**作り方**

**1** 里いもは皮をむき、水で洗ってぬめりを取る。

**2** 小さめの鍋に分量の水、昆布、**1**を入れ、火にかける。沸いたら弱火にし、里いもに竹串がスッと通るまでゆでる。

**3** しいたけは軸を取って厚めに切る。しめじ、まいたけは石づきを取り、ばらす。えのきたけは根元を切り落としてほぐす。これらとなめこを一緒にざるに入れ、熱湯に浸けて箸でほぐし、ざるごと引き上げる。

**4** **3**と同じ湯でかぶの葉をゆで、適当な長さに切る。

**5** **2**の鍋に**3**を加え、味噌を溶き入れる。仕上げに**4**も加え、温める。

秋の味覚、ぎんなんの香りと苦みを生かして
たくさん（萬《よろず》）の具をいただく汁もの

# ぎんなんのよろず汁

**材料（2人分）**

- ぎんなん …… 10粒
- かぼちゃ（種を取ったもの） …… 100g
- しいたけ …… 2個
- 長ねぎ …… ⅓本
- 大豆水煮 …… 30g
- 水 …… 300mℓ
- 昆布（5×5cm角） …… 1枚
- 味噌 …… 25g
- 塩 …… ひとつまみ

**作り方**

**1** ぎんなんの殻を割り、薄皮がついたまま鍋に入れる。ひたひたの水と塩を加え、火にかける。網じゃくしの底で転がしながら薄皮を取り除き、透き通るまで火を入れる。水にとり、残った薄皮を取り除く。

▸▸▸水の中でやさしくこすると、自然と薄皮がむけます。

**2** かぼちゃは皮つきのまま2cm角に切る。しいたけは軸を取って縦四つ割りにし、長ねぎは1cm幅の小口切りにする。

**3** 鍋に分量の水と昆布、**1**、**2**のかぼちゃ、しいたけ、大豆水煮を入れ、火にかける。かぼちゃに火が通ったら長ねぎを加え、味噌を溶き入れる。

---

魚と野菜を組み合わせた
煮もの代わりにもなる椀

# 焼きさばとかぶの味噌汁

作りおき　冷蔵庫で3日

**材料（2人分）**

- さば（30gの切り身） …… 4切れ
- かぶ …… 1個
- 長ねぎ …… ⅓本
- 水 …… 300mℓ
- 味噌 …… 15～20g
- 塩 …… 適量

**作り方**

**1** さばの両面に薄く塩をふり、20分おく。水洗いし、水気を拭く。

**2** 温めておいた魚焼きグリルに**1**を入れ、両面を香ばしく焼く。

**3** かぶは茎を少し残して葉を切り落とし、皮をむき、縦4等分に切る。長ねぎは1cm幅の小口切りにする。

**4** 鍋に分量の水と**2**、**3**のかぶを入れて火にかける。かぶに火が通ったら長ねぎを加え、味噌を溶き入れる。

# 常備菜

忙しいときに助かる作りおき。
白いご飯もよくすすみ、お弁当にも便利です。

大豆たんぱく質、カルシウム、
食物繊維がとれる三拍子揃った一品

## 大豆じゃこ切り昆布

作りおき　冷蔵庫で5日

**材料（作りやすい分量）**

大豆水煮 …… 120g
ちりめんじゃこ …… 30g
切り昆布（乾物）…… 90～100g
長ねぎの青い部分 …… 1本分

**煮汁**

水 …… 150㎖
酒 …… 50㎖
醤油 …… 30㎖
砂糖 …… 大さじ2

**作り方**

1 切り昆布は水でさっと洗い、はさみで適当な長さに切る。

2 鍋に煮汁の材料、1、大豆水煮、長ねぎの青い部分を入れ、火にかける。煮汁が煮詰まってきたら長ねぎの青い部分を取り除き、ちりめんじゃこを加え、全体にからませる。

---

漬けものの旨みと塩分が懐かしい
ご飯がすすむピリ辛味の常備菜

## 高菜のごま炒め煮

作りおき　冷蔵庫で5日

**材料（作りやすい分量）**

高菜漬け …… 200g
長ねぎの青い部分 …… 1本分
豆板醤 …… 小さじ1
ごま油 …… 大さじ1

**煮汁**

酒 …… 大さじ4
醤油 …… 大さじ1

炒り白ごま …… 大さじ2

**作り方**

1 高菜漬けは細かく刻んでざるに入れ、水の中でもんで塩気を抜き、水気を絞る。

2 フライパンにごま油を熱し、1と長ねぎの青い部分を炒める。豆板醤を加えて炒め、香りを出し、煮汁の材料を加えて煮詰める。汁気がなくなったら、長ねぎの青い部分を取り除き、炒り白ごまをふる。

シャキッとした歯ごたえがおいしい
"煮すぎない" きんぴら

## れんこんのきんぴら

作りおき　冷蔵庫で5日

**材料（作りやすい分量）**

れんこん …… 350g
芽ひじき（乾物） …… 10g
長ねぎの青い部分 …… 1本分
赤唐辛子 …… 1本
サラダ油 …… 大さじ2

**煮汁**

酒 …… 150㎖
醤油 …… 50㎖
砂糖 …… 50g

**作り方**

1 れんこんは皮をむき、4㎜厚さの半月切りにし、水にさらす。ひじきはさっと洗い、水で戻す。赤唐辛子は種を取る。

2 1のひじきをさっと湯通しし、ざるに上げる。

3 フライパンにサラダ油を熱し、1のれんこんと長ねぎの青い部分を強火で炒める。れんこんが透明になって半分ほど火が通ったら、2と赤唐辛子を加える。

4 具材をフライパンの周りに土手のように広げ、中央に煮汁の材料を注ぎ、一気に煮立たせる。

5 全体を混ぜ、ひと煮立ちしたら端に寄せ、フライパンを斜めにして余分な汁気を煮詰め、ときどき鍋を回して全体にからませる。煮汁から大きな泡が立ったら全体をひと混ぜする。長ねぎの青い部分を取り除く。

---

ピリ辛のローカロリー小鉢は
お弁当にもぴったり

## 糸こんにゃくとえのきたけの炒り煮

作りおき　冷蔵庫で5日

**材料（作りやすい分量）**

糸こんにゃく …… 1袋
えのきたけ …… 200g
長ねぎの青い部分 …… 1本分
豆板醤 …… 小さじ1
サラダ油 …… 大さじ1

**煮汁**

酒 …… 60㎖
醤油 …… 30㎖

**作り方**

1 糸こんにゃくは、5㎝ほどの長さに切り、水からゆでて、沸騰したらざるに上げて水気を飛ばす。

2 えのきたけは根元を切り落としてほぐし、長さを半分に切る。

3 フライパンにサラダ油を熱し、1と長ねぎの青い部分を入れ、強火で炒める。途中、2を加えてさらに炒め、豆板醤も加えて香りを出す。

4 煮汁の材料を加え、全体にからませながら汁気がなくなるまで煮詰める。長ねぎの青い部分を取り除く。

野菜の歯ごたえでフレッシュ感のある
王道常備菜の新しい味わい

## 切り干し大根の旨煮

作りおき　冷蔵庫で5日

**材料（作りやすい分量）**

切り干し大根（乾物）…… 25g
油揚げ …… 1枚
にんじん …… 30g
サラダ油 …… 大さじ½
炒り白ごま …… 大さじ2

**煮汁**

水 …… 80mℓ
醤油 …… 15mℓ
みりん …… 15mℓ
砂糖 …… 大さじ1

**作り方**

1 油揚げは熱湯に浸け、油抜きをして水気を絞る。縦半分に切り、3cm長さの細切りにする。

2 にんじんは3cm長さの太めのマッチ棒状に切る。

3 切り干し大根を水でさっと戻し、熱湯に入れてひと煮立ちしたら水気を絞る。

4 鍋にサラダ油を熱し、3を炒めて水分を飛ばす。煮汁の材料を加え、中火で煮る。

5 煮汁が半分ほどになったら1と2を加え、煮汁を煮詰める。仕上げに炒り白ごまをふる。

▶▶▶強めの火力で手早く煮て、にんじんの歯ごたえを生かすと食べ飽きません。

---

フライパンの使い方が鍵。
歯ごたえを残してご飯がすすむ一品に

## ごぼうとしめじのきんぴら

作りおき　冷蔵庫で5日

**材料（作りやすい分量）**

ごぼう …… 200g
しめじ …… 100g
長ねぎの青い部分 …… 1本分
サラダ油 …… 大さじ1

**煮汁**

酒 …… 100mℓ
醤油 …… 40mℓ
砂糖 …… 20g

**作り方**

1 ごぼうはささがきにし、水でさっと洗い、ざるに上げる。しめじは石づきを落とし、手でばらす。

2 フライパン（あれば中華鍋）にサラダ油を熱し、1のごぼうと長ねぎの青い部分を強火で炒める。途中でしめじを加え、さらに炒める。

3 具材をフライパンの周りに土手のように広げて中央をあけ、煮汁の材料を注いで一気に煮立たせる。

4 全体を混ぜてひと煮立ちさせたら、端に寄せ、フライパンを傾けて余分な汁気を煮立たせる。ときどき鍋を回し、全体に煮汁をからませる。煮汁が少なくなり、大きな泡が出てきたら全体をひと混ぜする。長ねぎの青い部分を取り除く。

脂ののった旬に
仕込んでおきたい佃煮風

## さんまの山椒煮

作りおき　冷蔵庫で5日

**材料（作りやすい分量）**

さんま …… 5尾
塩 …… 適量

**煮汁**
水 …… 300㎖
酒 …… 300㎖
みりん …… 60㎖
醤油 …… 30㎖
砂糖 …… 30g

実山椒の佃煮（市販）…… 大さじ2
水あめ …… 大さじ2

**作り方**

**1** さんまはウロコを包丁でかき取り、頭を切り落とす。水で洗い、2㎝厚さの筒切りにする。全体に多めの塩をまぶし、ざるにのせて20分ほどおく。

**2** 鍋に湯を沸かし、**1**をざるごと浸け、表面がうっすら白くなったら氷水にとり、ぬめりを取り除く。水気をきる。

**3** 鍋に**2**を重ならないように並べ、落としぶたをする。ふたの両側に均等に重しをし、煮汁の材料を入れて強火にかける。沸いたらアクを取り、中火にする。

**4** 煮汁が減って泡が大きくなってきたら、焦げないように弱火にし、煮詰めていく。

**5** 煮汁が少なくなり、大きな泡が出てきたら落としぶたをはずし、実山椒の佃煮と水あめを入れて強火にする。煮汁をスプーンですくって全体にかけながら、全体にからませる。

---

自家製だと鮭の自然な旨みがあふれて
とってもおいしい

## 鮭ふりかけ

作りおき　冷蔵庫で5日

**材料（作りやすい分量）**

塩鮭（甘塩）…… 200g
焼きのり …… 1枚
削り節 …… 10g
醤油 …… 小さじ2
炒り白ごま …… 大さじ2
サラダ油 …… 大さじ1

**作り方**

**1** 温めておいた魚焼きグリルで塩鮭を焼き、粗くほぐす。

**2** 焼きのりは小さくちぎる。削り節は鍋に入れ、から煎りしてから粗熱を取り、手で粗くつぶす。

**3** フライパンにサラダ油を熱し、**1**を炒めて醤油で味をつける。**2**、炒り白ごまを混ぜる。

▶▶▶仕上げに油で炒めることでコクがついて、ご飯がいっそうすすむ味になり、さらに日持ちもよくなります。

# 秋の健康を保つ食事

幕内秀夫（フーズ&ヘルス研究所代表）

## 三大栄養素と米

昔から「食欲の秋」といわれるように、秋は四季のなかでも、実る作物が最も多く、豊富な食材の栄養素を摂取できる季節です。

食事をする最大の目的は、活動するためのエネルギーを補給することです。エネルギーとなる栄養素は糖質（炭水化物）、たんぱく質、脂質ですが、米や麦、さつまいもなどのでんぷんには糖質が多く含まれています。また、魚や大豆にはたんぱく質が含まれ、くるみ、ごまなどの種実類には、脂質が含まれています。

こうした食材が収穫できる秋は、昔から誰もが待ち望んでいた季節でした。とくに米はどの地域でも収穫できる穀物であり、日本人の寿命を延ばした要因でもあります。病気になったときに食べるお粥は、米と水で作ります。昔からでんぷんと水が食事の土台の役割を果たし、日本では米が「主食」と呼ばれる要因になりました。

## 秋の食文化の知恵と工夫

ほかにも秋は、次にやってくる作物が育たない厳しい冬を迎えるための準備をする季節でもあります。そのため、収穫した食材を冬に備えて備蓄・保存するための知恵を生み出しました。

日本人は、収穫した米を乾燥させて水分を飛ばしたり、蒸した大豆を塩漬けにし、発酵させて味噌を作ったり、魚の塩漬け、漬けもの、天日干しをして水分を飛ばす干し野菜など、たくさんの保存の知恵を考えてきました。貴重な食材を捨てないための工夫は、今も伝えられている日本独自の食文化になっています。

季節を通して、欠かせない米や味噌、漬けものが一年中食べられるようになったのは、秋に育まれた保存の知恵の恩恵だといえます。

また、栄養素のバランスがとれる食事を考えるうえで欠かせないのが食事を「献立」にすることです。ご飯、味噌汁、漬けものを食べるだけでも、身体に必要な栄養素の多くを摂取できます。鎌倉時代から続くこの食べ方は、「基本食」となって、日本人に必要な栄養素を補給してくれています。この基本食に季節の野菜や魚を加えれば、身体に必要な栄養素はほとんど揃ったといえるでしょう。

このように豊富な秋の食材の恩恵を受けて考えられた基本食は、現在でも日本人の健康を支えている食生活の土台になっている食文化なのです。

# 第四章

# 冬の献立

# 冬の献立に大切な三か条

## 一　体を温める仕立てを

寒さ厳しい冬の献立に大切なのは温かいこと、そして食べて体が温まること。汁ものはその典型的な料理ですので、必ず添えましょう。冬の料理でよく使う〝とろみ〟や〝あん〟もその一つで、濃度がつくので冷めにくく、食べると口の中でとどまる時間が長いので、それだけで温まります。体を温めてくれるといわれる根菜もぜひ積極的に食べましょう。

## 二　油脂で上手にコクづけを

寒い時季は、さっぱりした味つけよりも、濃厚でコク深いものが好まれます。油で揚げた魚や鶏肉を甘酢に漬ける南蛮漬けや、魚介を揚げてからあんをかけるなど、ちょっと油が入るととてもおいしく感じられます。豚汁やけんちん汁など、汁ものに動物性の脂をプラスしたり、白菜と油揚げを煮浸しにしたり、かくし味としての〝油脂〟を生かしましょう。

## 三　乾物や保存食を利用

いまでこそ、冬でもスーパーにさまざまな野菜が並びますが、昔はみずみずしく鮮度のよい野菜が手に入るとは限りませんでした。そんなときに野菜や海藻をとるには、乾物や保存食が欠かせませんでした。切り干し大根や干ししいたけ、とろろ昆布、乾燥のひじきなど、いまは少し需要が減っているこれらの食品は、先人が健康を維持してきた知恵。ぜひ、見直して使ってみてください。

# 冬の基本の献立

ご飯
いわしのつみれとろみ汁
鶏ねぎ焼き
かぶと油揚げの煮浸し

## 段取りスケジュール

◉ 1時間前

あらかじめできる 米を洗い、浸水させて水気をきる。

◉ 50分前

いわしに塩をふる。

◉ 30分前

ご飯を炊き始める。
いわしのつみれを作る。
つみれ汁の玉ねぎを下ごしらえし、煮始める。

作りおきできる 煮浸しの具を準備し、煮る。

◉ 15分前

鶏を焼き、ねぎ焼きを作る。

◉ 10分前

つみれ汁にとろみをつけ、仕上げる。

 作り方はp.162～163

# いわしのつみれとろみ汁

**材料（2～3人分）**

**いわしのつみれ**

- いわし（三枚におろしたもの）……2尾分（100g）
- 塩……適量
- 長ねぎ（みじん切り）……1本分
- 薄力粉……10g
- 味噌……10g

- 玉ねぎ……100g
- 水……500mℓ
- 薄口醤油……25mℓ

**水溶き片栗粉**

- 水……大さじ½
- 片栗粉……大さじ½

**作り方**

**1** つみれを作る。いわしの両面に塩をふり、20分ほどおく。

**2** 水洗いして水気を拭き取り、包丁で叩いて粗く切る。長ねぎ、薄力粉、味噌を加え、包丁で叩きながら混ぜ合わせる。

**3** 玉ねぎを薄切りにし、鍋に入れる。分量の水、薄口醤油も加える。ここに**2**をスプーンなどで丸くとって入れ、火にかける。

**4** 沸騰したらつみれだけ取り出し、玉ねぎが透明になるまで煮る。

▶▶▶つみれは水から煮ることでいいだしが出て、しかも芯まで均一に火が入ります。途中で取り出すことで煮すぎることがないので、柔らかくいただけます。

**5** **4**の玉ねぎをフードプロセッサーにかけて細かくし、煮汁に戻す。つみれも戻して温め、よく混ぜ合わせた水溶き片栗粉を加え、全体に混ぜてとろみをつける。

▶▶▶フードプロセッサーがなければ、そのままでもかまいません。玉ねぎの質感が残って、また違うおいしさが味わえます。

# かぶと油揚げの煮浸し

作りおき　冷蔵庫で3日

**材料（作りやすい分量）**

かぶ …… 1個
油揚げ …… 1枚
水 …… 300mℓ
煮干し …… 3本
薄口醤油 …… 大さじ1

**作り方**

**1** かぶは茎を3cmほど残して葉を切り落とし、皮をむき、縦8等分にする。ざるに入れて熱湯に30秒ほど浸け、ざるごと引き上げる。同じ湯に油揚げを浸け、油抜きをして8等分に切る。煮干しは頭と内臓を取り、縦半分に割る。

▶▶▶切り落としたかぶの葉は、お浸しにしたり即席漬け（➡p.110）に使いましょう。

**2** 鍋に分量の水、**1**の煮干し、かぶ、油揚げ、薄口醤油を入れて火にかけ、沸いたら弱火にしてかぶが柔らかくなるまで煮る。

**3** 火を止め、そのまま冷めるまで浸して味を含ませる。

# 鶏ねぎ焼き

**材料（2人分）**

鶏もも肉（皮つき）…… 1枚（300g）
わけぎ（小口切り）…… 2本分
煮きり酒* …… 30mℓ
味噌 …… 5g
黒こしょう …… 適量

＊ 酒を電子レンジに30秒かけて、アルコールを飛ばしたもの。小鍋に入れて火にかけてもよい。

**作り方**

**1** 鶏もも肉の皮を下にしてフライパンにのせ、火にかける。アルミ箔をかぶせて焼く。途中、ペーパータオルで余分な脂を拭き取る。

▶▶▶冷たい状態からじわじわ火を入れていきたいので、フライパンはあらかじめ温める必要のないフッ素樹脂加工のものを使います。鶏から脂が出るので、油をひく必要もありません。

**2** 皮がパリパリになり、横から見て身が半分ほど白くなったら裏返す。

**3** 煮きり酒と味噌を混ぜ合わせ、**2**の皮に塗り、少し乾いたら再び塗る。これを2～3回くり返し、わけぎをのせ、黒こしょうをふる。

**4** 取り出して、一口大に切り分ける。

▶▶▶「和食」の定義の一つが、箸で食べられること。そのため、鶏は切ってから盛りつけることが大事です。

# 冬の食材をたっぷり使った献立

## ご飯／かぶと豚ばら肉の味噌汁／ぶりの照り焼き／白菜と油揚げの煮浸し

冬を代表する魚、ぶりをメインにした、冬の典型的な一汁二菜献立です。

主菜の照り焼きは、脂ののったぶりを甘辛いこっくりとした味つけにして、白いご飯がすすむ味に。このような濃度のある味つけは、寒さ厳しくなる冬の基本です。

副菜には、甘みを増した白菜と油揚げの煮浸しを。濃厚な味わいのぶりの照り焼きを食べたあとの箸休めとして、しみじみおいしい淡味の副菜で口の中をリセットしましょう。煮浸しは、さっと煮たあと冷ましながら味を含ませていくので、作りおきにも向く料理。まとめて作っておけば、電子レンジで温め直すだけですぐに出せるので、便利な冬の常備菜にどうぞ。

汁ものも豚肉を加えて少しコク深い味にすると、味のバランスがよくなります。全体にたんぱく質がたっぷりととれる、スタミナ献立です。甘い煮豆を添えるのもおすすめ。

### 段取りスケジュール

**1時間前**
あらかじめできる
**米を洗い、浸水させて水気をきる。**

**40分前**
作りおきできる
**煮浸しの材料を下ごしらえし、煮て火を止めておく。**

**30分前**
**ご飯を炊き始める。**
**味噌汁の具を下ごしらえする。**
**照り焼きの材料を下ごしらえし、たれを作る。**

**10分前**
**味噌汁を作る。**
**照り焼きを焼く。**

# 白菜と油揚げの煮浸し

作りおき　冷蔵庫で3日

**材料（2人分）**

白菜 …… 2枚
油揚げ …… 1枚

**煮汁**
水 …… 200mℓ
薄口醤油 …… 20mℓ
酒 …… 小さじ2
昆布（5×5cm角）…… 1枚

**作り方**

1. 油揚げは熱湯に浸して油抜きし、水気を絞って横半分に切り、1cm幅の短冊に切る。
2. あらかじめ温めておいた魚焼きグリルに白菜を入れ、軽く焼き目がつく程度に焼き、一口大に切る。

▸▸▸白菜は、しなしなになるぐらい水分が飛ぶと、ぐんと旨みが増しておいしくなり、とてもよいだしも出ますよ。

3. 鍋に煮汁の材料と1を入れ、火にかけて1分煮る。2を加えてひと煮立ちしたら火を止め、そのまま粗熱が取れるまで浸ける。

**作り方**

1. れんこんは皮をむいて水に浸し、水気をきる。ピーマンはヘタと種を取り、縦四つ割りにする。たれの材料は混ぜ合わせる。
2. ぶりとれんこんに、はけで小麦粉をまぶす。
3. フライパンにサラダ油を熱し、ぶりを入れ、中火で焼く。片面が白くなったら裏返し、れんこんを加えてさらに焼く。

4. ぶりの両面に焼き色がついたら、ペーパータオルで余分な油やフライパンの汚れを拭き取り、たれを入れ、強火にする。ひと煮立ちしたらぶりを取り出す。

▸▸▸酒の量が多いので、アルコールが飛ぶときに火がつくことがあります。すぐに消えるので、慌てなくて大丈夫です。

5. たれを煮詰め、沸き立つ泡が大きくなってきたらぶりを戻す。ピーマンを入れ、フライパンを回しながら煮からめる。

▸▸▸ぶりに火を通しすぎないと、柔らかくジューシーに仕上がりますよ。

# かぶと豚ばら肉の味噌汁

**材料（2人分）**

かぶ …… 1個
生なめこ …… 50g
豚ばら肉 …… 50g
長ねぎ（小口切り）…… $\frac{1}{3}$本分
水 …… 300mℓ
昆布（5×5cm角）…… 1枚
味噌 …… 20g

**作り方**

1. なめこは水からゆで、ひと煮立ちしたらざるに上げる。
2. かぶはよく洗い、茎の部分を3cmほど残して葉を切り落とし、皮つきのまま縦6〜8等分に切る。ざるに入れて熱湯に浸け、箸でほぐしながら軽く湯通しし、ざるごと引き上げる。
3. 豚ばら肉は3cm長さに切り、2と同じ湯に入れて箸でほぐし、うっすら白くなったら水にとって水気をきる。
4. 鍋に分量の水と昆布、2を入れて火にかけ、沸いたら弱火にして煮る。火が通ったら、1、3を入れ、味噌を溶き入れる。仕上げに長ねぎを加えて温める。

# ぶりの照り焼き

**材料（2人分）**

ぶり（60gの切り身）…… 4切れ
れんこん（輪切り）…… 2切れ
ピーマン …… 1個

**たれ**
みりん …… 150mℓ
酒 …… 90mℓ
醤油 …… 30mℓ

サラダ油 …… 大さじ$1\frac{1}{2}$
小麦粉 …… 適量

# ごちそう主菜の一汁三菜献立

ご飯／あさりの味噌汁／かきの甘酢野菜あんかけ／切り干し大根のねぎ炒め／くずし奴

冬にふっくらとおいしくなるかきを主役にした、しっかり食べたいときの食べごたえのある献立です。

かきは〝海のミルク〟と言われ、潮の香り漂うミルキーな味わいが持ち味。高血圧や肝臓の疲れなどに効くといわれるタウリンなど、他の食材にはあまりない成分も持ち、栄養的にもこの時季に食べたい食材です。

火が入りすぎると水分が出て堅くなり、味が損なわれるので、衣をつけて間接的に揚げ、ジューシーなまま野菜あんかけに。口に入れると、かきの旨みとなめらかな口当たりの甘酢が相まって、ご飯がすすみます。

副菜には乾物の切り干し大根をさっと戻して炒めものに。歯ごたえがあり、噛むと大根の甘みが口に広がります。そこにもう1品、なめらかな豆腐とシャキッとした長いもの副菜を。汁もので、味覚障害を予防する亜鉛たっぷりのあさりをいただく、贅沢献立です。

## 段取りスケジュール

**1時間前**
あらかじめできる
**米を洗い、浸水させて水気をきる。**

**40分前**
作りおきできる
**ねぎ炒めの材料を下ごしらえし、炒める。**

**30分前**
**ご飯を炊き始める。**
**味噌汁の具を下ごしらえする。**
**かきと甘酢野菜あんの材料を下ごしらえする。**

**20分前**
**くずし奴の材料を下ごしらえする。**
**甘酢野菜あんを作る。**

**10分前**
**味噌汁を作る。**
**かきを揚げ、甘酢野菜あんかけを仕上げる。**
**くずし奴を仕上げる。**

**2** しらたきは7cm長さに切り、水から火にかける。沸いたら2分ゆで、ざるに上げる。

**3** わけぎは3cm長さに切る。

**4** フライパンにごま油を熱し、**1**と**2**を炒める。火が通ったら**3**を加え、薄口醤油と酒、黒こしょうで味をつける。

▶▶▶定番の常備菜「切り干し大根の煮もの」って、白いご飯があまりすすまないと思いませんか？　でも、この歯ごたえがあって甘くない炒めものなら、よく合いますよ。

## くずし奴

**材料（2人分）**

木綿豆腐 …… ½丁
長いも …… 100g
長ねぎ …… ¼本
おろししょうが …… 適量
醤油 …… 適量

**作り方**

**1** 豆腐は手でくずす。

▶▶▶口の中に当たる面積が広がって、包丁でスパッと切るよりも旨みを強く感じます。くずして少しざるに上げておけば、自然と水がきれますよ。

**2** 長いもは小角に切り、ビニール袋に入れてすりこぎ棒で叩く。

**3** 長ねぎは薄い小口切りにし、布巾に包んで流水でもみ、水気を絞る。

**4** 器に**1**を盛り、**2**、**3**、おろししょうがをのせ、醤油をかける。

**作り方**

**1** にんじんはせん切りにし、しいたけは軸を取って薄切りにする。ごぼうはたわしでよく洗い、皮つきのままささがきにする。長ねぎは4cm長さに切ってから縦4等分に、にらは4cm長さに切る。

**2** **1**のにんじんとしいたけを一緒にざるに入れ、熱湯に浸けて箸でほぐし、ざるごと引き上げる。

**3** 鍋に煮汁の材料、**1**のごぼうとねぎ、**2**を加えて火にかける。沸いたら水溶き片栗粉を加えて大きく混ぜ、とろみをつける。にらを加えて温める。

**4** かきは塩で軽くもみ、水洗いして水気をきる。

**5** はけで小麦粉をまぶす。揚げ油を170℃に熱し、揚げる。

**6** 器に**5**を盛り、**3**をかける。

▶▶▶かきはあんかけにすることで口の中でするりとすべりよく、食べやすくなります。

## 切り干し大根のねぎ炒め

作りおき　冷蔵庫で3日

**材料（2人分）**

切り干し大根（乾物）…… 15g
しらたき …… ½袋（150g）
わけぎ …… 2本
ごま油 …… 大さじ1
薄口醤油 …… 大さじ1
酒 …… 大さじ1
黒こしょう …… 適量

**作り方**

**1** 切り干し大根は水で軽く戻し、水気を絞り、長さを半分に切る。

## あさりの味噌汁

**材料（2人分）**

あさり（殻つき、砂抜きしたもの）
…… 200g
三つ葉（3cm長さに切る）…… 5本分
水 …… 300mℓ
昆布（5×5cm角）…… 1枚
味噌 …… 15g

**作り方**

**1** あさりは水の中で殻をこすり洗いする。水を替えて3分ほど浸け、ざるに上げる。

**2** 鍋に分量の水、昆布、**1**を入れて火にかけ、あさりの口が開いたら味噌を溶き入れ、三つ葉を加える。

## かきの甘酢野菜あんかけ

**材料（2人分）**

かき（むき身）…… 10個（120g）
にんじん …… 4cm
しいたけ …… 2個
ごぼう …… ¼本
長ねぎ …… ½本
にら …… 4本
小麦粉 …… 適量

**煮汁**

だし汁 …… 200mℓ
醤油 …… 大さじ2
みりん …… 大さじ1
酢 …… 大さじ1
砂糖 …… 大さじ½

**水溶き片栗粉**

片栗粉 …… 大さじ1
水 …… 大さじ2

揚げ油 …… 適量
塩 …… 適量

# 〝煮すぎない〟からさっと作れるおでん献立

## ご飯／鮭おでん／めかぶとたこの酢のもの

冬はあったかい鍋ものがうれしい季節。なかでもおでんは定番、というご家庭も多いことでしょう。

おでんは煮込むもの、と思われるかもしれませんが、本当においしいのは〝煮込まない〟おでん。あらかじめ火が通っている練りものやすぐに煮える具材なら、ちょうど火が入った〝煮えばな〟を食べたほうが、ジューシーで旨みも出すぎず、素材をおいしく味わえます。また、鮭や練りもの、かぶから出る旨みで煮汁は充分においしくなるので、だし汁も必要ありません。水と薄口醤油、酒だけで煮ていきます。旨みが濃すぎずあっさりとした味になるので、飽きることなくたっぷりといただけるというわけです。

ただ、熱々の料理をずっと食べると口飽きしやすいので、副菜に酢のものを添えて、ときどき口の中をリフレッシュさせましょう。不足しがちな海藻と野菜もとることができます。

### 段取りスケジュール

**1時間前**

あらかじめできる　米を洗い、浸水させて水気をきる。

鮭に塩をふる。

酢のものの二杯酢を作る。

**30分前**

ご飯を炊き始める。

鮭をさっと湯に通し、他のおでんの具を下ごしらえする。

酢のものの材料を下ごしらえする。

**15分前**

おでんを煮始める。

**直前**

酢のものを仕上げる。

## めかぶとたこの酢のもの

**材料（2人分）**

めかぶ（味のついていないもの）…… 100g
ゆでだこ …… 60g
玉ねぎ …… 30g

**二杯酢**
酢 …… 大さじ1
醤油 …… 大さじ1

和がらし …… 適量

**作り方**

1 二杯酢の材料を耐熱容器に入れ、電子レンジに15秒かけ、冷ましておく。

2 玉ねぎは薄切りにして水にさらし、水気をきる。ゆでだこはぶつ切りにする。

3 めかぶを1で味つけし、器に盛り、2と和がらしをのせる。

## 鮭おでん

**材料（2人分）**

生鮭（30gの切り身）…… 4切れ
塩 …… 適量
さつま揚げ …… 2枚
ちくわ …… 2本
厚揚げ …… 1枚
かぶ …… 1個

**煮汁**
水 …… 500mℓ
薄口醤油 …… 25mℓ
酒 …… 小さじ2

**作り方**

1 鮭は両面に塩をふり、30分おく。熱湯に浸けて表面がうっすら白くなったら冷水にとり、汚れを洗い、水気を拭き取る。

2 さつま揚げは食べやすい大きさに、ちくわは半分に、厚揚げは4等分に切る。これらを一緒にざるに入れ、熱湯に浸けて箸でほぐしながら30秒ゆで、ざるごと引き上げる。

3 かぶは茎の部分を少し残して葉を切り落とし、皮をむいて縦4等分にし、水から堅めにゆでる。

▶▶▶大根だと煮えるのに時間がかかりますが、かぶはすぐ火が通りますよ。

4 鍋に煮汁の材料と1、2、3を入れて火にかけ、沸いたら火を弱めて5分煮る。

▶▶▶おでんは煮込まないほうがおいしいんです。とくにさつま揚げやちくわは煮込むと旨みが煮汁に出て、それ自体がおいしくなくなります。さっと火が通るぐらいでOK！

## 〝煮すぎない〟と、どうしておいしいの？

私のレシピでお気づきのことはありませんか？　肉や魚を加熱する時間が、とても短いのです。ぶりの照り焼き（164ページ）は煮汁で軽く煮たらいったんぶりを取り出し、煮汁を煮詰めたあとに戻してからませます。筑前煮（126ページ）も、根菜を柔らかく煮たあと、仕上げに鶏肉を加えてなじませるだけ。煮魚も煮込みません。切り身なら10分以内、一尾魚でも15分以内です。紹介したおでんも、煮るのは沸いてから5分だけです。「ウソでしょう？」と言われますが、本当です。そして、このほうがおいしいと断言できます。

肉や魚の調理でとくに大切なことは、火を入れすぎないことです。肉や魚は「たんぱく質」の素材で、たんぱく質は40℃ぐらいから固まり始め、きちんと火が入るのは65℃ぐらいから80℃弱。約80℃を超えると火が入りすぎて水分をガードしている細胞膜がこわれ、水分が出てしまいます。それが、〝パサパサ〟や〝堅い〟につながって、おいしくなくなるわけです。

ですから、照り焼きは軽く火が入ったところでぶりをいったん取り出して、たれをいい状態に煮詰め、戻してからませたらでき上がり。筑前煮では鶏肉を仕上げに加えて、温めつつ煮汁をなじませたらでき上がり。煮魚は中心が65℃すぎになればでき上がり。〝煮続けないこと〟がおいしい秘訣ですよ。

# 炊き込みご飯が主役の献立

大豆あさりご飯／さばの粕汁／煮干しとごぼうの炒り煮／まぐろの刺身

ときには、こんなたんぱく質たっぷり、食材の種類も豊富にいただける贅沢三昧の献立もいいものです。スタミナがついて、寒い冬の体力維持にひと役かってくれることでしょう。

とくに粕汁は、体の芯から温まって、縮こまりがちな体の循環をよくします。酒粕は練り粕か吟醸粕がおすすめです。板粕よりも風味がぐんとよいので、手に入れば使いたいものです。副菜は煮干しとごぼうを使った、カルシウムと食物繊維たっぷりの炒り煮を。多めに作って常備菜にすると便利です。粕汁にも副菜にも根菜をたっぷり使って、寒さ厳しくなって味深まる素材を味わいましょう。

旬の素材の炊き込みご飯は、それだけでごちそうです。刺身は、本来なら白いご飯と一緒に食べるものですが、生の玉ねぎをたっぷり添えたサラダ感覚なので、ここでは炊き込みご飯と合わせています。

## 段取りスケジュール

**1時間前**

あらかじめできる　米を洗い、浸水させて水気をきる。

**50分前**

大豆あさりご飯の大豆とあさりを下ごしらえする。

粕汁のさばに塩をふる。

作りおきできる　炒り煮の材料を下ごしらえし、作る。

**30分前**

ご飯を炊き始める。

粕汁の野菜を下ごしらえする。

**15分前**

粕汁を煮る。

## 煮干しとごぼうの炒り煮

作りおき　冷蔵庫で3日

**材料（2人分）**

煮干し …… 10本
ごぼう …… ½本（100g）
糸こんにゃく …… 50g
ごま油 …… 大さじ1

**煮汁**
　酒 …… 50mℓ
　醤油 …… 大さじ1

**作り方**

1. 煮干しは頭と内臓を取り、縦半分に裂く。
2. ごぼうはたわしでよく洗い、皮つきのまま斜め薄切りにする。
3. 糸こんにゃくは水からゆでてざるに上げ、5cm長さに切る。
4. フライパンにごま油を熱し、1、2、3を炒め、ごぼうに火が通ったら煮汁の材料を入れて煮からめる。

## さばの粕汁

**材料（2〜3人分）**

さば（15gの切り身）…… 8切れ
里いも …… 120g
大根 …… 50g
にんじん …… 30g
油揚げ …… 1枚
長ねぎ …… ½本
水 …… 600mℓ
昆布（7×7cm角）…… 1枚
酒粕 …… 100g
味噌 …… 40g
塩 …… 適量

**作り方**

1. さばの両面に塩をふり、30分おく。
2. 里いもは皮をむいて2cm角に切り、大根、にんじんは1cm厚さのいちょう切りにする。油揚げは熱湯に浸けて油抜きし、水気を絞る。横半分に切ってから、1cm幅の短冊に切る。長ねぎは1cm幅の小口切りにする。
3. 2の里いも、大根、にんじんを一緒にざるに入れ、熱湯に浸けて箸でほぐしながら2分ほどゆで、ざるごと引き上げる。同じ湯に1を浸け、表面がうっすら白くなったら冷水にとって洗い、水気を拭き取る。
4. 鍋に分量の水と昆布、3を入れて中火にかけ、さばに火が通ったらさばだけ取り出す。
5. 大根が柔らかくなったら酒粕と味噌を溶き入れ、油揚げと長ねぎを加え、さばを戻して温める。

## 大豆あさりご飯

**材料（作りやすい分量）**

米 …… 2合（360mℓ）
大豆（乾物）…… 50g
あさり（殻つき、砂抜きしたもの）
　…… 200g

**炊き地**
　水 …… 330mℓ
　薄口醤油 …… 30mℓ
　酒 …… 30mℓ

**作り方**

1. 米は洗い、水適量（分量外）に15分浸け、ざるに上げて15分おく。
2. 大豆はフライパンでから煎りし、焼き目がつくまで煎る。

▶▶▶まとめてたくさん煎って、密閉容器に入れておくとすぐに使えて便利です。p.123の「大豆と大根のご飯」にもどうぞ。

3. あさりは水の中で殻をこすり合わせて洗い、水を替えて3分ほど浸け、ざるに上げる。
4. 鍋に炊き地の材料と3を入れて火にかけ、沸いてあさりの口が開いたらこし、あさりと煮汁に分ける。殻から身を取り出し、出た水分は煮汁に入れる。
5. 炊飯器の内釜に1、4の煮汁、2を入れて軽く混ぜ、早炊きモードで炊く。
6. 炊き上がったらあさりの身を加え、さっくりと混ぜる。

▶▶▶あさりには火が入っていますから、仕上げに混ぜるだけ。こうすると、柔らかくジューシーにいただけます。

# 体にやさしい滋味あふれる献立

雑穀ご飯／たらとかぶのスープ／いかのねぎ炒め

地味ながらも食べるとホッと安心できて、栄養が体にしみ込んでいくような、冬らしい献立をご紹介します。

主菜のスープ煮は、ポトフのように西洋には当たり前にありますが、日本にはもともとない調理法です。このメインディッシュ1品で動物性たんぱく質と野菜がバランスよくとれ、1つの鍋で煮るので簡単に作れて、しかもどなたにも好まれる——、これを日本の食卓にもぜひ取り入れたいと考えたのが、たらとかぶのスープです。たらは東京以北の冬を代表する魚のひとつ。身質がほろりとほぐれるほど柔らかく、旨みが強いのに淡くてやさしいのが持ち味です。これを同じ淡味のかぶと煮て、ほっとするような、滋味深いスープ仕立てにしています。

ねぎとさっと炒め合わせた柔らかいいかと、食物繊維たっぷりの雑穀ごはんを噛みしめながら、しみじみと味わいたい組み合わせです。

## 段取りスケジュール

**1時間前**

あらかじめできる

米と雑穀を洗い、浸水させて水気をきる。

**50分前**

スープのたらに塩をふる。

**30分前**

雑穀ご飯を炊き始める。

**20分前**

スープの野菜とたらを下ごしらえする。

ねぎ炒めの材料を下ごしらえする。

**10分前**

スープを煮る。

ねぎ炒めを炒める。

## いかのねぎ炒め

**材料（2人分）**

**するめいかの胴**（開いたもの）
……**1ぱい分**
**長ねぎ……1本**
**サラダ油……大さじ1**
**塩……小さじ½**
**七味唐辛子……適量**

**作り方**

1 するめいかは4cm長さに切り、表面に格子状の切り目を入れ、2cm幅に切る。

2 長ねぎは、1cm幅の斜め切りにする。

3 フライパンにサラダ油を熱し、2を炒める。半分ほど火が通ったら1を入れ、炒める。

4 いかに火が通ったら、塩で味をつけ、七味唐辛子をふる。

▶▶▶いかは表面に切り目を入れて、火を通りやすくしています。炒めすぎると堅くなっておいしくないので、注意しましょう。

## たらとかぶのスープ

**材料（2人分）**

**生たら**（40gの切り身）……**4切れ**
**かぶ……2個**
**セロリ……60g**
**にんじん……30g**
**しいたけ……2個**
**水……500㎖**
**昆布**（5×5cm角）……**1枚**
**塩……適量**
**黒こしょう……小さじ½**

**作り方**

1 たらは両面に塩をふって30分おき、熱湯に浸けて表面がうっすら白くなったら冷水にとり、水気を拭き取る。

2 かぶは茎の部分を2cm残して葉を切り落とし、皮をむき、縦8等分に切る。セロリは筋を取り、1cm幅の斜め切りにする。にんじんは4cm長さ、1.5cm幅の短冊切りにする。しいたけは軸を取る。これらを一緒にざるに入れ、熱湯に浸けて箸でほぐしながら30秒ほど湯に通し、ざるごと引き上げる。

3 鍋に分量の水と昆布、1、2を入れて火にかけ、沸いたら弱火にして2分ほど煮る。塩小さじ½、黒こしょうで味をととのえる。

**栄養MEMO**

たらは漢字で「魚へんに雪」と書くように旬は冬。身が雪のように白く、高たんぱく、低脂肪です。ちなみに、子どもの頃に肝油を食べたかたもいらっしゃるでしょう。これは、たらの肝臓からとれるビタミンA、Dが豊富な脂肪が原料です。

## 雑穀ご飯

**材料（作りやすい分量）**

**米……2合**（360㎖）
**雑穀……30g**
**水……360㎖**

**作り方**

1 米と雑穀を洗い、水適量（分量外）に15分浸け、ざるに上げて15分おく。

2 炊飯器の内釜に1と分量の水を入れ、早炊きモードでご飯を炊く。

**栄養MEMO**

食物繊維が豊富な雑穀は、腸内の働きを整え、便秘解消につながります。また噛むことで脳内の血流がよくなり、唾液の分泌もよくなる効果があります。このようにミネラルやビタミンB群を豊富に含む雑穀ご飯は、免疫力アップにもつながるバランスのよい主食です。

# 〝冬の味〟けんちん汁献立

ご飯／けんちん汁／かぶと玉ねぎの土佐和え

具だくさんの汁ものは、軽く食べたいときはそれとご飯だけでも充分に満足感のある献立になります。飽食の時代、ときにはこのような素朴な献立もおすすめです。

なかでもけんちん汁は、私がみなさまにいちばんおすすめしたい料理です。たっぷりの根菜ときのこ、豆腐や油揚げを使うので栄養バランスがばつぐんですし、作りおきもできます。使う材料の種類が多めなので、せっかく作るなら一度に4～5杯分仕込んでおくといいでしょう。翌日は違う具をプラスするだけでバリエーションが広がって、とても便利です。

副菜にはサラダ代わりの和えものを。生のかぶと玉ねぎを組み合わせて歯ごたえを生かし、味つけは甘みを入れず、酢と醤油の二杯酢でさっぱりといただきます。ここにたんぱく質と旨み豊かなかつお節をかけることで、だし汁がなくても、まろやかにおいしくいただけます。

## 段取りスケジュール

◉ 1時間前

あらかじめできる

**米を洗い、浸水させて水気をきる。**

◉ 40分前

作りおきできる

**けんちん汁の具を下ごしらえし、煮る。**

◉ 30分前

**ご飯を炊き始める。**

◉ 20分前

**土佐和えの二杯酢を作り、材料を下ごしらえする。**

◉ 直前

**土佐和えを仕上げる。**

# かぶと玉ねぎの土佐和え

**材料（2人分）**

かぶ …… 1個
玉ねぎ …… ¼個（50g）
塩 …… 大さじ½
削り節 …… 5g

**二杯酢**
　酢 …… 大さじ1
　醤油 …… 大さじ1

**作り方**

**1** 二杯酢の材料を耐熱容器に入れ、電子レンジに20秒かけ、冷ます。

**2** かぶは茎を2cm残して葉を切り落とし、水で洗い、皮つきのまま縦半分に切ってから薄切りにする。玉ねぎは薄切りにする。ボウルにこれらを合わせ、塩をまぶして10分おく。しんなりしたらもみ、水洗いし、水気を絞る。

**3** 削り節は鍋に入れて火にかけ、軽くから煎りしてから冷ます。手で握るようにして、粗めにつぶす。

**4** 2を器に盛り、3をのせて、1をかける。

# けんちん汁

作りおき　冷蔵庫で3日

**材料（作りやすい分量）**

大根 …… 100g
にんじん …… 50g
ごぼう …… 50g
しいたけ …… 2個
油揚げ …… 1枚
木綿豆腐 …… ½丁
長ねぎ …… ½本

**煮汁**
　水 …… 500mℓ
　薄口醤油 …… 40mℓ
　酒 …… 大さじ1
　昆布（5×5cm角）…… 1枚

七味唐辛子 …… 適量

**作り方**

**1** 大根とにんじんは1cm厚さのいちょう切りに、ごぼうはたわしでよく洗い、皮つきのまま2mm厚さの小口切りにする。しいたけは軸を取り、縦4等分に切る。油揚げは熱湯に浸けて油抜きし、水気を絞り、横半分に切ってから短冊切りにする。長ねぎを小口切りにする。

**2** 鍋にざるに入れた大根とにんじんを入れ、ひたひたの水（分量外）を加えて火にかけ、沸騰したらしいたけを入れて箸でほぐし、ざるごと引き上げる。

**3** 別の鍋に分量の水、昆布、1の油揚げとごぼう、2を入れて火にかけ、沸いたら弱火にし、根菜に火が通ったら薄口醤油と酒を入れる。

**4** 豆腐を手でくずしながら入れ、長ねぎを加え、温める。椀に盛り、七味唐辛子をふる。

▶▶▶けんちん汁は粗熱を取ったあとに冷蔵庫に入れておけば、冷蔵で3日ほど日持ちします。多めに作りおくと便利ですし、少量作るには材料が多く、手間もかかるので、ここでは4〜5杯分の作りやすい量でご紹介しています。酒粕を溶けば粕汁、豚肉をさっと湯に通して加えれば豚汁が簡単に作れますし、お好みの根菜を加えるなどアレンジの幅が広くて、忙しいかたやシニアにおすすめです。

# 山海の幸を味わうごちそう献立

かやくご飯／なめこの吸いもの／金目鯛のちり蒸し／長いものいくら和え

かやくごはんの〝かやく〟とは、もともと薬の意味。さまざまな食材を炊き込んだご飯は、昔なら、これに青菜のおひたしを添えれば献立が成立していたほどのごちそうです。それを現代に合うように仕立てたのが、冬の海と山の幸を生かしたこの献立です。

冬の鍋の代表といえば、ちり鍋。それをイメージさせるちり蒸しには、赤い色が食卓を彩る金目鯛を。ほろりと柔らかく脂ののったこの白身魚を、豆腐やねぎなどとともにちり酢（ポン酢）で爽やかにいただきましょう。

副菜には、過食の季節にうれしい消化を助ける長いもと、宝石のような美しいいくらで、紅白の色彩に。汁ものはごくシンプルに、なめこの吸いものにします。だし汁のいい香りと、旨みが強すぎないさらりとした味わいで口の中がリフレッシュされ、ごちそうが引き立ちます。

## 段取りスケジュール

**1時間前**

あらかじめできる　**米を洗い、浸水させて水気をきる。**

**ちり蒸しの金目鯛に塩をふる。**

**50分前**

**かやくご飯の具を下ごしらえし、煮て、具と煮汁に分ける。**

**30分前**

**かやくご飯を炊き始める。**

**ちり蒸しの具を下ごしらえし、簡単ポン酢醤油を作る。**

**15分前**

**ちり蒸しを蒸す。**

**10分前**

**いくら和えの材料を下ごしらえし、和える。**

**なめこの吸いものを作る。**

**簡単ポン酢醤油**

醤油 …… 大さじ3
酢 …… 大さじ2
みかんの搾り汁 …… 大さじ2
ごま油 …… 小さじ1

塩 …… 適量

**作り方**

**1** 金目鯛は両面に塩をふり、30分おく。熱湯に浸け、表面がうっすら白くなったら冷水にとり、汚れを洗って水気を拭き取る。

**2** 豆腐は半分に切り、しいたけは軸を取る。長ねぎは5cm長さに切り、表面に斜めに4～5本の切り目を入れる。春菊は葉をむしる。

**3** 2のしいたけをさっと湯通しし、春菊もさっとゆでる。

**4** 昆布は金目鯛の大きさに合わせて切ってバットに敷き、1を並べる。2の豆腐、長ねぎ、3のしいたけをのせて酒と水をふり、蒸気の上がった蒸し器で10分蒸す。蒸し上がりに春菊を入れる。

**5** 簡単ポン酢醤油の材料を混ぜ合わせ、小皿に入れる。4を器に盛り、ポン酢醤油でいただく。

## 長いものいくら和え

**材料（2人分）**

長いも …… 60g
いくら …… 40g
春菊 …… 2株
醤油 …… 適宜

**作り方**

**1** 長いもは皮をむいて1cm角に切る。

**2** 春菊は葉をむしってゆで、食べやすい長さに切る。

**3** 1と2を混ぜ合わせ、いくらを和える。お好みで醤油をかける。

**6** 炊飯器の内釜に1と5の煮汁を入れ、早炊きモードで炊く。炊き上がる5分前に5の具材をのせ、炊き上がったら三つ葉を散らし、さっくりと混ぜる。

## なめこの吸いもの

**材料（2人分）**

生なめこ …… 80g
わけぎ（小口切り） …… 1本分
とろろ昆布 …… 2g

**吸い地**

だし汁 …… 300mℓ
薄口醤油 …… 小さじ2強
酒 …… 小さじ1

**作り方**

**1** なめこは水からゆで、ひと煮立ちしたらざるに上げる。

**2** 鍋に吸い地の材料と1を入れて火にかけ、沸いたらわけぎを入れる。

**3** 椀にとろろ昆布を入れ、2を注ぐ。

## 金目鯛のちり蒸し

**材料（2人分）**

金目鯛（40gの切り身） …… 2切れ
木綿豆腐 …… ½丁
しいたけ …… 2個
長ねぎ …… ½本
春菊 …… 2本
昆布（だし汁をとったあとのもの） …… 1枚
酒・水 …… 各大さじ1

## かやくご飯

**材料（作りやすい分量）**

米 …… 2合（360mℓ）
大根 …… 50g
にんじん …… 50g
ごぼう …… 50g
しいたけ …… 2個
油揚げ …… 1枚
糸こんにゃく …… 50g
三つ葉 …… 10本

**炊き地**

水 …… 300mℓ
酒 …… 30mℓ
薄口醤油 …… 30mℓ
昆布（5×5cm角） …… 1枚

**作り方**

**1** 米は洗い、水適量（分量外）に15分浸け、ざるに上げて15分おく。

**2** 大根とにんじんは太めのせん切りに、しいたけは軸を取って薄切りにする。ごぼうはたわしでよく洗い、皮つきのままささがきにする。油揚げは熱湯に浸けて油抜きし、水気を絞る。横半分に切ってから、1cm幅の短冊に切る。糸こんにゃくは3cm長さに切る。

**3** 三つ葉は3cm長さに切る。

**4** 2を一緒にざるに入れ、熱湯に浸け、箸でほぐしながらひと煮立ちしたら、ざるごと引き上げる。

**5** 別の鍋に炊き地の材料と4を入れて火にかけ、煮立ったら弱火にして2分煮る。こして、煮汁と具材に分ける。

# 冬においしい貝づくし献立

ご飯／油揚げとかきの味噌汁／帆立と大根の吉野煮／野沢菜納豆

冬に味の深まるかきと帆立貝を存分に味わう献立です。

主菜は、帆立と大根の煮もの。大根は、寒さが厳しくなるにつれて甘みが増してきますが、もともと持つほろ苦さも名脇役。帆立貝のともすればえぐい旨みとよく合って、お互いがおいしくいただけます。その旨みを味わうため、煮汁は水と昆布だけで充分。だし汁は不要です。片栗粉でなめらかなとろみをつけて、おいしさをじっくりと味わいましょう。

かきの味噌汁も、だし汁は必要ありません。油揚げのコク、かきの旨み、そして味噌そのものが〝だし〟になります。現代は旨みに旨みを重ねがちですが、毎日食べる家庭料理ではその必要はありません。素材の持ち味を水でさっぱりといただくほうが安心できておいしいものです。野沢菜納豆は、副菜ですが漬けもの代わりでもあります。仕上げに白いご飯にのせて食べるとおいしいですよ。

## 段取りスケジュール

**1時間前**

あらかじめできる　**米を洗い、浸水させて水気をきる。**

**40分前**

**野沢菜納豆の材料を下ごしらえし、作る。**

**30分前**

**ご飯を炊き始める。**

**吉野煮の具を下ごしらえする。**

**味噌汁の具を下ごしらえする。**

**15分前**

**吉野煮を煮る。**

**10分前**

**味噌汁を作る。**

## 野沢菜納豆

**材料（2人分）**

野沢菜 …… 100g
納豆 …… 100g
玉ねぎ …… 50g
醤油 …… 適量

**作り方**

1. 野沢菜は細かく刻み、水の中で軽くもみ、水気を絞る。
2. 玉ねぎはみじん切りにし、水にさらし、水気を拭き取る。
3. 1、2、納豆を混ぜ合わせ、醤油で味をととのえる。

▶▶▶納豆と漬けものは発酵食品同士。相性がよく、組み合わせるととてもおいしくなります。

**栄養MEMO**

納豆100gでとれるたんぱく質は、牛肉なら80g、卵なら2個半と同じ。しかもコレステロールがゼロですから、ぜひ積極的に食べたいものです。納豆の発酵過程で生まれる酵素・ナットウキナーゼは、血栓を溶かす働きがあり、骨粗しょう症の予防にもいいと言われます。野沢菜には整腸作用のある乳酸菌が、玉ねぎには血液サラサラ効果があり、これらを一度に食べられる健康食です。

## 帆立と大根の吉野煮

**材料（2人分）**

帆立貝柱 …… 大4個
大根 …… 3cm
わけぎ …… 2本

**煮汁**
水 …… 500mℓ
昆布（5×5cm角）…… 1枚
薄口醤油 …… 大さじ1
酒 …… 大さじ1

**水溶き片栗粉**
片栗粉 …… 大さじ1
水 …… 大さじ2

**作り方**

1. 帆立貝柱は手で縦に6つに裂く。
2. 大根は3cm長さ、1.5cm幅の短冊に切る。
3. わけぎを3cm長さに切る。
4. 鍋に煮汁の分量の水と昆布、2を入れて火にかける。大根が柔らかく煮えたら、薄口醤油と酒を加える。さらに1を加え、軽く火が通ったら3を加えて温める。水溶き片栗粉を加え、大きく混ぜてとろみをつける。

▶▶▶この料理も煮汁にだし汁は要りません。帆立からいい旨みが出るので、昆布だけで充分です。

## 油揚げとかきの味噌汁

**材料（2人分）**

かき（むき身）…… 4個
油揚げ …… ½枚
三つ葉 …… 6本
水 …… 300mℓ
味噌 …… 20g

**作り方**

1. かきはさっと湯通しし、冷水で洗い、水気を拭き取る。
2. 油揚げは熱湯に浸して油抜きし、水気を絞る。1.5cm幅に切る。
3. 三つ葉は5cm長さに切る。
4. 鍋に分量の水と1、2を入れ、弱火にかける。沸いたら1分煮て、味噌を溶き入れ、三つ葉を加えて温める。

▶▶▶昨今の料理は旨みに旨みを重ねすぎですが、濃すぎると食べ飽きます。この味噌汁も、かきと味噌に充分旨みがあるので、煮汁にだし汁は不要。水のほうがさっぱりおいしくいただけますよ。

**栄養MEMO**

「海のミルク」と呼ばれるかきは、栄養の優等生。エネルギー源のグリコーゲンをはじめ、ビタミンB群、鉄分、銅、マンガン、ヨード、カルシウム、亜鉛、タウリンなど、さまざまなミネラルを含みます。亜鉛は味覚障害の改善に、タウリンは肝臓病によいと言われています。

# 冬のほっこり具だくさん献立

かきご飯／さつま汁

炊きたての立ち上る香りもごちそうの、かきの炊き込みご飯。「かきの甘酢野菜あんかけ」（166ページ）と同じように、かきは火を入れすぎると堅くなってジューシーさもなくなり、持ち味が損なわれますから、かきご飯も、最初からかきを炊き込みません。ある程度ご飯が炊けたところでのせて、蒸気の柔らかい熱でじわじわ火を入れることで、ふっくらして、火が入っているのに生のような状態に仕上がります。

この贅沢な炊き込みご飯に組み合わせるのは、具だくさんのさつま汁。これは鹿児島の郷土料理で、本来は鶏肉を使いますが、ここでは栄養バランスを考えて豚肉を使い、ビタミンBを補います。

この献立全体で食べる量はそれほど多くありませんが、使っている食材は10種類。家族とゆっくり語らいながらいただく、ほっこりとした冬の食事にぴったりです。

## 段取りスケジュール

**1時間前**

あらかじめできる　米を洗い、浸水させて水気をきる。

**30分前**

ご飯を炊き始める。

かきを下ごしらえする（炊飯の途中で加える）。

さつま汁の具を下ごしらえする。

**15分前**

さつま汁を作る。

## かきご飯

**材料（作りやすい分量）**

米 …… 2合（360㎖）
かき（むき身） …… 10個
しょうが（みじん切り） …… 2片分
生のり …… 30g
塩 …… 適量

**炊き地**

水 …… 300㎖
薄口醤油 …… 30㎖
酒 …… 30㎖

**作り方**

**1** 米は洗い、水適量（分量外）に15分浸け、ざるに上げて15分おく。

**2** かきは塩でもみ、熱湯にさっとくぐらせて冷水にとる。軽くもみ洗いをして水気をきる。

**3** 炊飯器の内釜に**1**と炊き地を入れ、早炊きモードで炊く。蒸気が上がったら**2**をのせ、炊き上がる直前にしょうがと生のりを散らして炊き上げる。さっくりと混ぜる。

▶▶▶炊飯器のふたが開けられないタイプを使うときは、**2**のあとにかきを網などで焼いて、ご飯が炊き上がったところでのせて蒸らします。

## さつま汁

**材料（2～3人分）**

さつまいも …… 100g
大根 …… 50g
にんじん …… 30g
ごぼう …… 30g
わけぎ …… 1本
豚ばら薄切り肉 …… 50g
水 …… 500㎖
昆布（5×5cm角） …… 1枚
味噌 …… 35～40g

**作り方**

**1** さつまいもは2cm厚さのいちょう切りに、大根、にんじんは1cm厚さのいちょう切りにする。ごぼうはたわしでよく洗い、皮つきのまま小口切りにする。わけぎは3cm長さに切る。

**2** さつまいも、大根、にんじんをざるに入れて熱湯に浸け、2分湯通しし、ざるごと引き上げる。

**3** 豚ばら肉は3cm長さに切り、**2**と同じ湯に浸けてうっすら白くなったら水にとり、水気を拭き取る。

**4** 鍋に分量の水と昆布、**2**、**1**のごぼうを入れて火にかけ、具材が柔らかくなったら**3**を加え、味噌を溶き、わけぎを入れて温める。

## 具を入れるタイミングが大切な炊き込みご飯

具もとびきりおいしく食べられる、炊き込みご飯のワンランクアップ術をご紹介しましょう。ポイントは、〝具を加えるタイミング〟にあります。タイミングは、①最初から加える、②炊飯の中ごろ、蒸気が上がったら加える、③炊き上がりに加える、の3通り。基本は②で、ほとんどの具がここにあたります。いも類のように堅い素材は①、じゃこのようにそのまま食べられる素材は③、というふうに考えると簡単ですね。その3通りが登場するレシピで見ていきましょう。

### 豚肉とさつまいものご飯

**材料（2人分）**

米 …… 2合（360㎖）
豚ばら薄切り肉 …… 100g
さつまいも …… 80g
わけぎ …… 少量
水 …… 300㎖
薄口醤油 …… 大さじ2
酒 …… 大さじ2
黒こしょう …… 適量

**作り方**

**1** 米は洗って水適量（分量外）に15分浸け、ざるに上げて15分おく。

**2** 豚肉は2cm幅に切り、80℃の湯に通してうっすら白くなったら水にとり、水気をきる。さつまいもは一口大に切る。わけぎは小口切りにして水で洗う。

**3** 炊飯器の内釜に**1**、分量の水、薄口醤油、酒を入れて混ぜ、**2**のさつまいもをのせて、早炊きモードで炊く。

タイミング①

**4** 蒸気が上がり始めたらふたを開け、**2**の豚肉をのせる。ふたを閉めて、炊飯を続ける。

タイミング②

**5** 炊き上がったらわけぎをのせて4～5分蒸らす。

タイミング③

**6** さっくりと混ぜ、茶碗に盛り、ひきたての黒こしょうをふる。

# 体も心も温まる汁ものの献立

## さつますいとん／しらすとほうれん草のお浸し

味噌風味のたっぷりの汁ものを主役にした、体の芯から温まる献立をご紹介しましょう。

すいとんは小麦粉を練ってゆでたもので、昔ながらのしみじみおいしい素朴な料理。今では作るご家庭も少ないかもしれませんが、私が小さい頃は、食卓によく並んでいたものです。

それをより栄養価高く、今の時代に合う味にしようと、小麦粉にさつまいもを混ぜて作ったのが、このさつますいとん。冬においしくなる根菜をたっぷりと使った具だくさんの汁に入れて、この1品だけでも充分に満足できるようにしています。

ただこれだけでは食べ飽きるので、合いの手として、カルシウム源のしらすと青菜のほうれん草のお浸しをシンプルに添えます。これでも、もう少しお腹を満たしたいようなら、ご飯をお茶碗に半膳ほど添えてもよいでしょう。

### 段取りスケジュール

◉ **30分前**
すいとんの具を下ごしらえし、煮る。

◉ **20分前**
すいとん生地を作る。
ほうれん草の下ごしらえをする。

◉ **10分前**
煮汁に味噌を溶き、すいとん生地を入れ、煮る。
浸し地を作り、ほうれん草を浸ける。

◉ **直前**
お浸しを仕上げる。

**4** 器に盛り、しらすを添え、おろししょうがをのせる。

▶▶▶ほうれん草としらすを一緒に食べることで、腎臓結石になりにくくなること、知っていました？　ほうれん草のシュウ酸としらすのカルシウムが体内で結合して〝シュウ酸カルシウム〟になると結石になりますが、口内であらかじめ作っておけば、なりにくいのです。

# しらすとほうれん草のお浸し

**材料（2人分）**

ほうれん草 …… 1束
しらす …… 50g
だし汁 …… 80㎖
醤油 …… 大さじ1
おろししょうが …… 適量

**作り方**

**1** ボウルに水を張り、ほうれん草の茎を浸し、みずみずしい状態にする。

**2** 鍋に湯を沸かし、ほうれん草の根元を湯に20秒浸け、しんなりしたら葉も沈め、さらに20秒ゆでる。冷水にとり、水気を絞って4cm長さに切る。

▶▶▶ほうれん草は1分以上ゆでると、えぐみの原因シュウ酸が出やすくなります。小さい鍋なら、少しずつ、手早くゆでましょう。

**3** だし汁と醤油を合わせ、**2**を浸して5分おく。

# さつますいとん

**材料（2人分）**

水 …… 500㎖
昆布（7×7cm角）…… 1枚
味噌 …… 40g

**すいとん生地**

さつまいも …… 110g
小麦粉 …… 50g
卵 …… 1個
塩 …… 1g

**具**

大根 …… 80g
にんじん …… 30g
ごぼう …… 7cm
長ねぎ …… ½本
こんにゃく …… ¼枚（50g）

**作り方**

**1** 大根とにんじんは1cm厚さのいちょう切りにする。ごぼうはたわしでよく洗い、皮つきのまま小口切りにする。こんにゃくは厚みを半分にし、7mm厚さに切る。長ねぎは小口切りにする。すいとん生地のさつまいもは、皮をむいて1cmの角切りにする（正味100g）。

**2** 鍋に水適量（分量外）を入れ、**1**の大根、にんじん、こんにゃくを入れ、火にかける。沸騰したら火を弱め、3分ゆでてざるに上げる。

**3** 鍋に分量の水と昆布、**2**、**1**のごぼうを入れて火にかけ、根菜が柔らかくなるまで煮る。

**4** 別の鍋でさつまいもをゆで、つぶして小麦粉、卵、塩を混ぜてすいとん生地を作る。

**5** **3**に味噌を半分溶き入れ、**4**を水でぬらしたスプーンですくい取って入れる。火が入って浮き上がったら、残りの味噌を溶き入れる。長ねぎを加えて温める。

▶▶▶味噌を2回に分けて入れることで、1回目はすいとんに下味をつけ、2回目で味噌の風味を生かします。

# ランチにも向く和風チャーハン献立

## じゃこひじきチャーハン／鮭と白菜の豆乳煮

軽く食べたい日やランチにも向く2品献立です。品数は多くありませんが、栄養的には海藻、根菜、きのこ、ご飯をいいバランスで組み合わせています。

乾物のひじきは戻して煮る手間がかかるため、この頃はご家庭であまり使われなくなっているようです。ただ、鉄分豊富な数少ない食材で、黒い色も食卓に非常に映えるので、ぜひ積極的に食べたいものです。ここでは、チャーハンの具として使っています。卵の黄色との色彩のコントラストが美しく、「ひじきを食べなきゃ」と思わなくても、自然とおいしく食べられます。細かく刻んだたくあんが、食感と適度な塩味のアクセントになり、飽きることなく食べすすめられるでしょう。

この和テイストのチャーハンに組み合わせるのが、野菜とたんぱく質がとれる豆乳煮。スープ代わりになり、作りおきもできるので、手早く献立を揃えたいときに便利です。

### 段取りスケジュール

**1時間10分前**
あらかじめできる　**米を洗い、浸水させて水気をきる。**

**40分前**
**ご飯を炊き始める（冷凍ご飯があれば解凍して使ってもよい）。**
作りおきできる　**豆乳煮の生鮭に塩をふり、白菜を下ごしらえして煮る。**

**20分前**
**チャーハンの具を下ごしらえする。**

**10分前**
**炊き上がったご飯でチャーハンを作る。**

## 鮭と白菜の豆乳煮

作りおき　冷蔵庫で3日

**材料（2人分）**

生鮭（30gの切り身）…… 4切れ
白菜 …… 2枚
長ねぎ …… ½本
塩 …… 適量

**煮汁**

豆乳（成分無調整）…… 150㎖
水 …… 150㎖
塩 …… 小さじ½

**作り方**

**1** 生鮭は両面に塩をふり、30分おく。熱湯に浸け、うっすら表面が白くなったら冷水にとり、水気を拭き取る。

**2** 温めておいた魚焼きグリルに白菜を入れ、軽く焼き目がつく程度に焼き、4㎝角に切る。長ねぎは4㎝長さに切り、表面に斜めに4～5本の切り目を入れる。

**3** 鍋に煮汁の材料と**1**、**2**を入れ、中火にかける。長ねぎに火が通るまで煮る。

▶▶▶豆乳だけでは旨みが濃すぎるので、水で半々に割ることで、鮭から出る旨みも存分に味わいます。

## じゃこひじきチャーハン

**材料（2人分）**

ご飯 …… 300g
ちりめんじゃこ …… 40g
芽ひじき（乾物）…… 10g
にんじん …… 30g
しいたけ …… 2個
長ねぎ …… ½本
たくあん …… 50g
卵 …… 2個
薄口醤油 …… 小さじ1
塩 …… 小さじ½
サラダ油 …… 大さじ1
黒こしょう …… 適宜

**作り方**

**1** ひじきは水に浸けて戻す。にんじんは5㎜の角切りにし、しいたけは軸を取ってみじん切りにする。ねぎはみじん切りにする。たくあんは5㎜の角切りにする。

**2** **1**のにんじんとしいたけをざるに入れて熱湯に浸け、箸でほぐし、ざるごと引き上げる。同じ湯でひじきをさっとゆで、にんじんとしいたけのざるに上げる。

**3** **1**のたくあんを水でもみ洗いして軽く塩分を抜き、水気を絞る。

▶▶▶たくあんを入れることで、旨みや塩分がプラスされ、食感にリズムも生まれて、よりおいしくなります。

**4** ボウルにご飯と卵を入れて混ぜ合わせ、ちりめんじゃこ、**1**の長ねぎ、**2**、**3**を混ぜる。薄口醤油、塩で味をつける。

▶▶▶ご飯と卵を混ぜてから炒めることで、お米1粒1粒に卵がからまって、パラパラに仕上がります。解凍したご飯を使ってもかまいません。

**5** フライパンにサラダ油を熱し、**4**を入れる。木べらで混ぜながら、パラパラになるまで炒める。お好みで黒こしょうをふる。

ほかにもある

## 和風チャーハン

油のコクや香ばしい香りにそそられて食欲がわいてくるチャーハン。中国料理のチャーハンではなく、和風の、いわゆる〝炒めご飯〟です。梅干しを使い、和のテイストに仕上げたバリエーションをご紹介します。

### 梅チャーハン

**材料（2人分）**

ご飯（温かいもの）…… 400g
マヨネーズ …… 大さじ4
梅干し …… 2～3個
大葉 …… 10枚
醤油 …… 小さじ2

**作り方**

**1** 梅干しの種を取り除き、包丁で細かく叩く。梅肉大さじ2でもよい。

**2** 大葉をせん切りにし、さっと洗って水気を拭き取る。

**3** フライパンにマヨネーズを入れて熱し、ご飯を炒める。全体にマヨネーズがなじんだら**1**を加えてさっと炒め、**2**を入れて混ぜる。

**4** 醤油を鍋肌からたらして焦がしぎみにし、全体をさっと炒め合わせる。

# 寒い日のあんかけうどん献立

あんかけうどん／かぼちゃとかぶの南蛮漬け

人と集まる機会の多い年末年始。胃腸がもたれやすくなるこの時季におすすめなのが、軽やかで体が休まり、しかも満足感がある献立です。

冬ならではの仕立て方に、〝あん〟があります。「羹《あつもの》」ともいうこの方法は、汁に片栗粉でとろみをつけて、冷めないようにする工夫で、口当たりはなめらかで濃厚、口の中にとどまる時間が長いので、体の芯から温まります。寒い季節に、ぜひ覚えておきたい方法です。

ここでは消化のよいうどんに、麺のつゆを食物繊維豊富なきのこのあん仕立てにして、たっぷりかけています。干し桜海老を入れて、食感と旨みのアクセントもプラスします。

過食の時季ですから、副菜にはあえて野菜だけを。さっぱりとした味では冬の献立としてもの足りないので、油で揚げて甘酢に漬けて、南蛮漬けにします。作りおきもできるので、とても便利ですよ。

## 段取りスケジュール

**50分前** 作りおきできる

**南蛮漬けの材料を下ごしらえし、揚げ、漬け地に漬けておく。**

**30分前**

**あんかけうどんの具を下ごしらえする。**

**うどん用のたっぷりの湯を沸かす。**

**15分前**

**あんを作る。**

**10分前**

**うどんをゆでて仕上げる。**

**作り方**

1 かぼちゃは5mm厚さのくし形に切る。かぶは茎を2cm残して葉を切り落とし、よく洗い、皮つきのまま縦6等分に切る。これらにはけで小麦粉を薄くまぶす。

2 揚げ油を170℃に熱し、1を揚げる。油をきってバットに入れる。

3 鍋に漬け地の材料を入れて沸かし、熱いうちに2のバットに注ぎ、赤唐辛子を入れ、そのまま粗熱が取れるまで漬ける。

▶▶▶温め直しても冷たくてもおいしいので、お弁当にもおすすめです。漬けたまま冷蔵庫で保存すれば、常備菜にもなりますよ。

## かぼちゃとかぶの南蛮漬け

作りおき 冷蔵庫で3日

**材料（2人分）**

かぼちゃ（種を取ったもの）…… 100g
かぶ …… 1個
小麦粉 …… 適量
赤唐辛子（種を取る）…… 1本
揚げ油 …… 適量

**漬け地**

水 …… 100mℓ
酢 …… 大さじ1
みりん …… 大さじ1
薄口醤油 …… 大さじ1
砂糖 …… 大さじ1/2

### “南蛮《なんばん》”って何ですか？

「南蛮漬け」「南蛮焼き」といった具合に、料理名には「南蛮」という言葉が出てきます。

これ、長ねぎや赤唐辛子（豆板醤やコチュジャンなどの唐辛子調味料を含む）を、揚げたり揚げ漬けにした料理につけられる言葉です。昔、ポルトガルやスペイン、オランダなどを南蛮と呼んだことから、南蛮を経由して入ってきた外国料理や外国のテクニック、またはそれ風のものにつけられるようになりました。

いちばん知られているのは、南蛮漬けですね。一般には、魚や肉を揚げて、唐辛子入りの甘酢に漬けた料理で、日持ちがするのも特徴です。あじの南蛮漬けが有名ですが、鶏肉でもとてもおいしく作れます。カラフルなオランダパプリカを使うと、彩りも美しくなります（左写真）。

## あんかけうどん

**材料（2人分）**

冷凍うどん …… 2玉（400g）
しいたけ …… 2個
しめじ …… 50g
まいたけ …… 50g
生なめこ …… 50g
三つ葉 …… 10本
干し桜海老 …… 15g

**つゆ**

だし汁 …… 400mℓ
薄口醤油 …… 大さじ1強
酒 …… 大さじ½

**水溶き片栗粉**

片栗粉 …… 大さじ1強
水 …… 大さじ2

**作り方**

1 しいたけは軸を取り、縦4等分に切る。しめじとまいたけは石づきを取って小房にほぐす。三つ葉は3cm長さに切る。

2 なめこは水からゆでてひと煮立ちしたら、ざるに上げる。

3 1のしいたけ、しめじ、まいたけを一緒にざるに入れ、熱湯に浸けて箸でほぐし、ざるごと引き上げる。鍋に入れ、つゆの材料と2、干し桜海老も加え、火にかける。沸いたら水溶き片栗粉を加えて大きく混ぜ、とろみをつける。1の三つ葉を入れて混ぜる。

4 冷凍うどんをゆで、水気をきって器に盛り、3をかける。

# 献立を豊かにする冬の料理

## 主菜

脂がのって濃厚な味わいの冬の魚を、
体温まる仕立てで献立の主役に。

体の芯から温まる酒粕で煮た
冬らしい魚料理

### 鮭の粕煮

**材料（2人分）**

**生鮭**（80gの切り身）…… **2切れ**
**玉ねぎ** …… **½個**
**にんじん** …… **40g**
**ブロッコリー** …… **2房**

**煮汁**
**水** …… **300㎖**
**酒粕** …… **40g**
**味噌** …… **20g**

**七味唐辛子** …… **適宜**
**塩** …… **適量**

**作り方**

1. 鮭は両面に塩をふり、30分おく。熱湯に浸けて、表面がうっすら白くなったら冷水にとり、汚れを洗って水気を拭き取る。
2. 玉ねぎは2㎝幅のくし形に切る。にんじんは4㎝長さ、1.5㎝幅の短冊に切る。これらを一緒にざるに入れて熱湯に浸け、箸でほぐしながら1分湯通しし、ざるごと引き上げる。同じ湯でブロッコリーをゆでる。
3. 鍋に煮汁の材料を溶き混ぜる。1、2の玉ねぎとにんじんを入れて火にかけ、沸く直前に弱火にし、5分煮る。
4. 器に盛り、ブロッコリーを添える。お好みで七味唐辛子をふる。

寒さ厳しくなって旬を迎えるたらを
揚げてコクをプラス。
大根おろしでさっぱりした食べ口に

## たらの煮おろし

**材料（2人分）**

たら（80gの切り身）…… 2切れ
大根おろし（汁気を軽く絞って）…… 60g
三つ葉（3cm長さに切る）…… 4本分
小麦粉・揚げ油 …… 各適量

**煮汁**

だし汁 …… 250mℓ
みりん …… 大さじ2
薄口醤油 …… 大さじ2

七味唐辛子 …… 適宜

**作り方**

1 たらは水気を拭き取り、はけで小麦粉をまぶす。

2 揚げ油を180℃に熱し、1を揚げる。

3 鍋に煮汁の材料を入れて火にかけ、ひと煮立ちしたら2と大根おろしを入れ、さっと煮る。

4 仕上げに三つ葉を加える。器に盛り、お好みで七味唐辛子をかける。

---

脂がのってやさしい味わいの魚を
ごまの煮汁でまろやかに

## 金目鯛の利久煮

**材料（2人分）**

金目鯛（80gの切り身）…… 2切れ
かぶ …… 1個
しめじ …… 50g
長ねぎ …… ½本
塩 …… 適量

**煮汁**

水 …… 300mℓ
醤油 …… 20mℓ
酒 …… 10mℓ
練り白ごま …… 30g

**作り方**

1 金目鯛は両面に塩をふり、30分おく。熱湯に浸けて、うっすら白くなったら冷水にとり、汚れを洗って水気を拭き取る。

2 かぶは茎を3cm残して葉を切り落とし、皮をむいて4等分に切る。しめじは根元を切り、ほぐす。長ねぎは5cm長さに切り、表面に斜めに4～5本切り目を入れる。

3 2をざるに入れて湯に浸け、箸でほぐしながら湯通しし、ざるごと引き上げる。

4 鍋に煮汁の材料を入れて溶き混ぜ、1、3も入れて火にかけ、沸いたら弱火にして3分煮る。

やさしい塩みと旨みを醸す塩麹で
はまぐりの濃厚な旨み際立つ

## はまぐりの塩麹煮

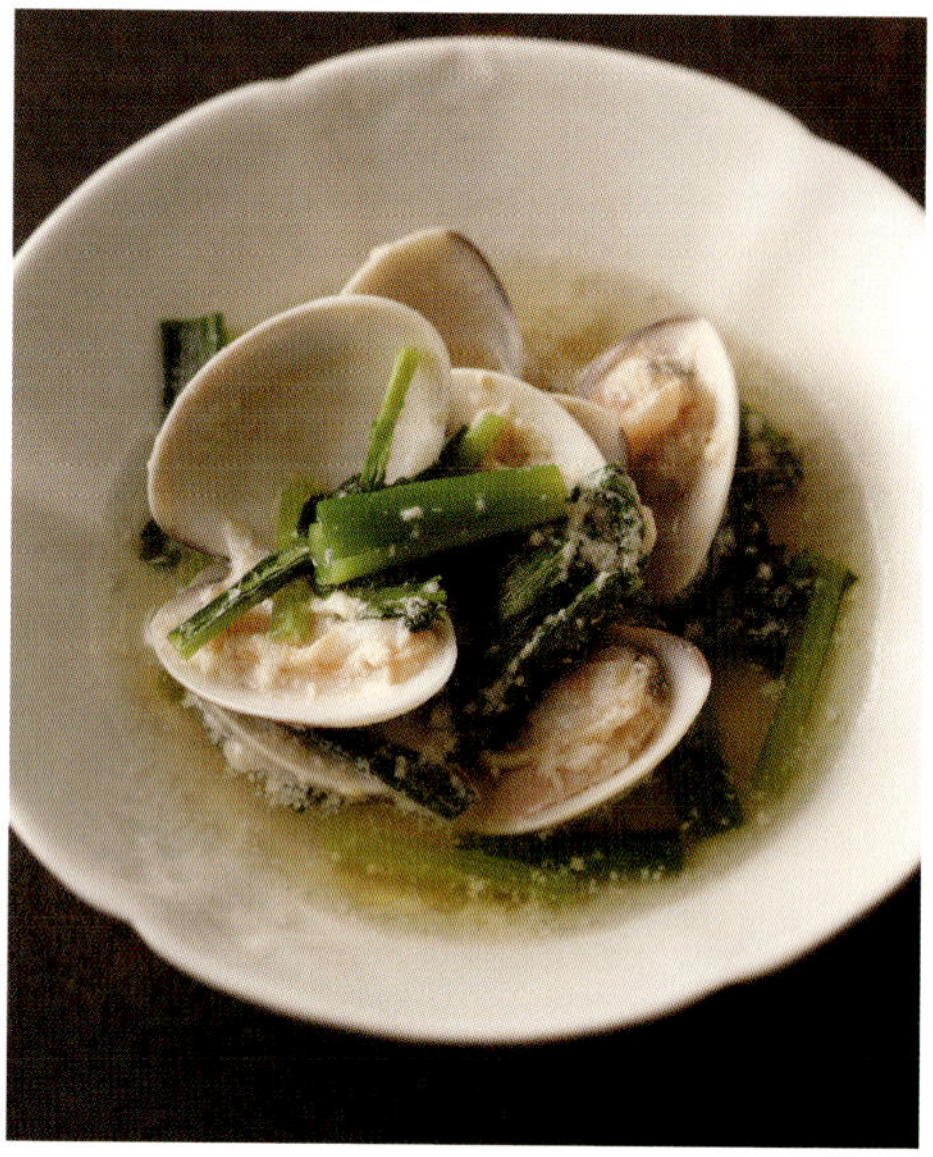

**材料（2人分）**

はまぐり（殻つき、砂抜きしたもの）
…… 400g
小松菜 …… 2株
わけぎ …… 2本

**煮汁**
水 …… 400㎖
塩麹 …… 80g
昆布（5×5㎝角）…… 1枚

ごま油 …… 大さじ1

**作り方**

**1** はまぐりは水の中で殻をこすり合わせて洗い、水を替えて3分浸け、ざるに上げる。

**2** 小松菜とわけぎは4㎝長さに切る。

**3** 鍋に煮汁の材料を入れて混ぜる。1、小松菜を入れて火にかけ、沸いてはまぐりの口が開いたらアクをすくい、わけぎを加えて温める。仕上げにごま油を回しかける。

---

揚げてコク深くなった魚を甘酢に漬ける
酒の肴にもなる一品

## さわらの南蛮漬け

作りおき　冷蔵庫で3日

**材料（2人分）**

さわら（120gの切り身）
…… 2切れ

**南蛮地**
水 …… 100㎖
酢 …… 大さじ3
みりん …… 大さじ1
薄口醤油 …… 大さじ1
砂糖 …… 大さじ½
赤唐辛子 …… 1本

小麦粉 …… 適量
揚げ油 …… 適量

**作り方**

**1** 南蛮地の材料を小鍋に入れて火にかけ、砂糖を混ぜ溶かし、冷ます。

**2** さわらは一口大に切り、はけで小麦粉をまぶす。

**3** 揚げ油を180℃に熱し、2をきつね色に揚げ、油をきってバットに並べ、1を全体にかけてそのまま漬ける。

▶▶▶保存容器に移して冷蔵庫に入れておけば3日ほど持つので、多めに作りおくとよいでしょう。南蛮地はさわらが浸かることが大切なので、足りなければペーパータオルをかぶせると全体に行きわたります。

しょうがの香りのシンプルな炒めもの。
さっぱり食べたいときの主菜にどうぞ

## いかの小松菜炒め

**材料（2人分）**

- 小松菜 …… 4株
- するめいか …… 1ぱい
- 片栗粉 …… 大さじ1
- おろししょうが …… 小さじ1
- 薄口醤油 …… 大さじ1
- サラダ油 …… 大さじ1
- 七味唐辛子 …… 小さじ½

**作り方**

1 鍋に70℃の湯を沸かし、小松菜の根元を3分ほど浸け、葉も沈めて3分ほどゆでる。冷水にとり、水気を絞り、4cm長さに切る。

2 いかはさばいて胴を開き（➡p.43参照。開いてあるものを使ってもよい）、胴を5cm長さ、1cm幅に切る。はけで片栗粉をまぶす。

3 フライパンにサラダ油を熱し、2を炒め、片栗粉が茶色く色づいたら1を加えて炒める。小松菜が温まったら、おろししょうが、薄口醤油を加えて味をととのえ、七味唐辛子をふる。

---

脂ののったさばにごまのコクをプラス。
焼いていっそう香りよい魚の焼きもの

## さばの利久焼き

**材料（2人分）**

- さば（150gの切り身）…… 1切れ
- たれ
  - 醤油 …… 大さじ2
  - みりん …… 大さじ2
  - 酒 …… 大さじ2
  - 練り白ごま …… 大さじ2
- すだち（半割り）…… 2切れ

**作り方**

1 さばは25gほどに切り分けてバットに並べる。

2 たれの材料を混ぜ合わせ、1にかけて、30分ほど浸ける。途中でひっくり返し、両面とも味をからませる。

3 温めておいた魚焼きグリルで2を焼き、器に盛ってすだちを添える。

▶▶▶みりんと酒の多いたれなので、少し焦げやすくなります。火力をやや弱めにして、ゆっくりと焼きましょう。

# 副菜

冬の野菜不足を補う小さな料理。
作りおけるものも多く、献立に重宝します。

冬の味わい深い料理の
箸休めにぴったりのさっぱり味

## たこと大根のレモン醤油和え

**材料（2人分）**

ゆでだこ …… 100g
大根 …… 6㎝
せり …… 1束
レモン汁 …… 大さじ1
醤油 …… 大さじ1
塩 …… 適量

**作り方**

1. 大根は3㎜厚さのいちょう切りにし、薄く塩をまぶして5分おき、もんでから水洗いし、水気を絞る。
2. せりは熱湯でさっとゆで、水にとって水気を絞り、3㎝長さに切る。
3. ゆでだこは薄い塩水で洗い、水気を拭いてぶつ切りにする。
4. 1、2、3を和えて器に盛り、レモン汁と醤油を混ぜてかける。

---

黒と黄色の色彩美しい小鉢。
ミネラルと食物繊維もたっぷり

## ひじきの炒り玉子

**材料（2人分）**

芽ひじき（乾物） …… 5g
わけぎ …… 1本
卵 …… 2個
薄口醤油 …… 大さじ1
黒こしょう …… 適量
サラダ油 …… 大さじ1

**作り方**

1. ひじきは水で戻し、熱湯でゆで、浮いてきたらざるに上げ、冷ます。わけぎは小口切りにする。
2. 卵は割りほぐし、薄口醤油、黒こしょうで味をつける。
3. フライパンにサラダ油を熱し、1を炒める。火が通ったら2を流し入れ、箸で混ぜながら火を通す。

沸騰した湯に入れて7分ゆでるだけ、
絶対に失敗しない半熟玉子を野菜とともに

# 7分玉子サラダ

**材料（2人分）**

卵 …… 2個
セロリ …… 1本
パセリ …… ½束
じゃがいも …… 120g

**カシューナッツだれ**

カシューナッツ …… 30g
醤油 …… 大さじ2
酢 …… 大さじ1
黒糖 …… 15g

**作り方**

1. 鍋に湯を沸かし、沸騰したところに卵をそっと入れる。沸騰した状態で7分ゆで、水にとる。

▶▶▶卵は冷たすぎると湯に入れたときに割れることがあります。針などで小さな穴をあけておくか、常温のものを使うと安心です。

2. カシューナッツだれを作る。小鍋に醤油、酢、黒糖を入れて混ぜながらひと煮立ちさせ、そのまま冷ます。カシューナッツをフードプロセッサーで細かくし、混ぜ合わせる。
3. じゃがいもは5cm長さ、1cm角の棒状に切り、ゆでる。
4. パセリは葉をむしり、70℃の湯で2分ゆで、冷水にとって水気を絞る。
5. セロリは5mm幅の斜め切りにし、1は殻をむいて縦4等分に切る。
6. 器に3、4、5を盛り、2をかける。

---

ヘルシー小鉢は
すぐに出せるつまみの一品にもどうぞ

# 昆布とにんじんの松前漬け

作りおき　冷蔵庫で7日

**材料（2人分）**

切り昆布（乾物）…… 30g
にんじん …… 100g

**浸け地**

醤油 …… 大さじ3
酢 …… 大さじ2
オレンジの搾り汁 …… 20mℓ
はちみつ …… 大さじ1

塩 …… 大さじ1

**作り方**

1. 切り昆布はさっと洗い、はさみで3cm長さに切り、水気を拭く。
2. にんじんは4cm長さのせん切りにし、塩をまぶしてもんで水洗いし、水気を絞る。
3. 浸け地の醤油と酢を大きめの耐熱容器に入れ、電子レンジに30秒かけ、粗熱を取る。オレンジの搾り汁とはちみつを混ぜる。
4. 3に1と2を入れて混ぜ合わせ、3時間以上漬け込む。

甘み極まった干し柿を白和え風に。
日本酒もすすみます

## 干し柿のくるみ和え

**材料（2人分）**

干し柿 …… 3個
春菊 …… 2本

**くるみ衣**

くるみ …… 20g
木綿豆腐 …… 80g
砂糖 …… 10g
薄口醤油 …… 小さじ1

**作り方**

1 くるみ衣を作る。くるみはフライパンで炒り、フードプロセッサーでペースト状にする。豆腐は重しをのせて軽く水気をきり、すりつぶす。くるみと豆腐を混ぜ、砂糖と薄口醤油で味をつける。

▶▶▶豆腐は耐熱皿にペーパータオルを敷いてのせ、電子レンジに1分かけて水きりしてもかまいません。

2 春菊は葉をむしり、熱湯でゆで、冷水にとって水気を絞り、3cm長さに切る。

3 干し柿は縦4つに切り、種を取って横半分に切る。

4 2と3を合わせ、1で和える。

---

ときには旬の果物を生かして
料理店風の和えものに

## りんごのくるみ和え

**材料（2人分）**

りんご …… 1個
油揚げ …… ½枚
春菊 …… 2本
塩 …… 適量

**くるみ衣**

くるみ …… 50g
木綿豆腐 …… 100g
砂糖 …… 大さじ1
薄口醤油 …… 小さじ1

**煮汁**

水 …… 100mℓ
薄口醤油 …… 小さじ2
酒 …… 小さじ1

**作り方**

1 りんごは皮をむき、一口大に切る。1.5%の塩水（水400mℓに塩小さじ1）に15分浸け、水気を拭く。

2 油揚げは熱湯に浸して油抜きし、水気を絞り、横半分に切ってから細かく刻む。春菊は葉をむしり、色よくゆでて冷水にとり、水気を絞って3cm長さに切る。

3 鍋に煮汁の材料と油揚げを入れ、沸いてから2分煮て、そのまま冷ます。春菊も浸けて10分おき、油揚げと春菊の汁気をきる。

4 くるみ衣を作る。くるみはフライパンで炒り、フードプロセッサーでペースト状にする。豆腐は重しをのせて軽く水気をきり、すりつぶす。くるみと豆腐を混ぜ、砂糖と薄口醤油で味をつける。

5 1と3を、4で和える。

軽食的にもいただける
素朴でなつかしい味

## じゃがいものおやき

作りおき　冷蔵庫で3日

**材料（2人分）**

じゃがいも …… 2個（200g）
ちりめんじゃこ …… 30g
卵 …… 1個
長ねぎ …… 1本
大葉 …… 5枚
刻みのり …… 1枚分
薄口醤油 …… 小さじ1
黒こしょう …… 少量
サラダ油 …… 大さじ1

**作り方**

1. じゃがいもは皮をむいてすりおろす。長ねぎはみじん切りにし、大葉はせん切りにする。
2. ボウルに卵を溶き、1、ちりめんじゃこ、のり、薄口醤油、黒こしょうを混ぜ合わせる。
3. フライパンにサラダ油を熱し、2を流し入れ、ふたをして弱火にし、じっくり焼く。
4. 上面が乾いてきたらひっくり返し、裏面も焼く。両面ともこんがり色づいたらフライパンから取り出し、食べやすい大きさに切る。

---

シャキシャキしたれんこんの心地よい食感で
いわしの旨みを味わいます

## れんこんといわしの はさみ揚げ

**材料（2人分）**

れんこん …… 150g
いわし（三枚におろしたもの）…… 100g
長ねぎ …… ⅓本
ブロッコリー …… 30g
薄口醤油 …… 小さじ1
小麦粉 …… 適量
揚げ油 …… 適量
塩 …… 適量

揚げ衣
小麦粉 …… 50g
水 …… 80㎖

**作り方**

1. れんこんは皮をむき、8枚の輪切りにする。水に浸け、水気を拭き取る。長ねぎはみじん切りにする。ブロッコリーは小房に分ける。ボウルに揚げ衣の材料を混ぜ合わせる。
2. いわしは包丁で細かく叩き、1の長ねぎと薄口醤油を混ぜ合わせ、4等分にする。
3. れんこんにはけで小麦粉をまぶし、2のいわしをはさんで4個作る。
4. 揚げ油を180℃に熱し、3に揚げ衣をつけて揚げる。ブロッコリーは素揚げにし、塩をふる。
5. 4のはさみ揚げを半分に切って器に盛り、ブロッコリーを添える。

大豆が味と食感のアクセントになって
甘みの強いかぼちゃが食べやすく

# 大豆とかぼちゃの旨煮

作りおき　冷蔵庫で3日

**材料（2人分）**

大豆水煮 …… 100g
かぼちゃ（種を取ったもの） …… 150g

**煮汁**

- 水 …… 80㎖
- 酒 …… 80㎖
- 砂糖 …… 20g
- 醤油 …… 小さじ2
- ごま油 …… 小さじ1

**作り方**

1. かぼちゃは2.5㎝幅、4㎝長さに切り、皮を薄くむく。
2. 鍋にかぼちゃの皮側を下にして並べ、大豆を散らす。
3. 煮汁の材料を入れて火にかけ、沸いたら火を弱め、かぼちゃに火が通るまでコトコト煮る。

---

旨みのきいただし汁とともに
青い大豆の香りと旨みが口いっぱいに

# 青大豆のひたし豆

作りおき　冷蔵庫で3日

**材料（作りやすい分量）**

青大豆（乾物） …… 100g

**旨だし**

- だし汁 …… 150㎖
- 醤油 …… 大さじ2
- 削り節 …… 2〜3g

おろししょうが …… 適量

**作り方**

1. 青大豆はたっぷりの水に浸けて、ひと晩おく。
2. 1をざるに上げて鍋に入れ、ひたひたの水を加えて火にかける。沸いたらざるに上げて湯をきり、再びひたひたの水を加えて火にかけ、柔らかくなるまでゆでる。ざるに上げて水気をきる。
3. 別の鍋に旨だしの材料を入れて火にかけ、ひと煮立ちさせ、こして冷ます。
4. 2を器に適量盛り、3を適量かける。おろししょうがをのせる。

▶▶▶旨だしにゆでた青大豆を浸けて冷蔵庫に入れておけば、3日ほど持ちます。多めに作りおいてもいいでしょう。

みずみずしい冬の白菜を焼いて
凝縮した甘みを味わいます

## 白菜とさつま揚げの煮浸し

作りおき　冷蔵庫で3日

**材料（2人分）**

白菜……3枚
さつま揚げ（四角い角揚げ）……1枚

**煮汁**

水……200mℓ
薄口醤油……大さじ1
みりん……大さじ1
昆布（10×10cm角）……1枚

**作り方**

1 さつま揚げは熱湯に浸けて油抜きをする。厚みを半分にそぎ切って、それぞれ4等分する。

2 温めておいた魚焼きグリルで白菜を焼き、軽く焼き色がついたら、4cm角に切る。

3 鍋に煮汁の材料と1を入れて火にかけ、煮立ったら弱火にして2分煮る。さらに2を入れて1分煮る。

---

甘み深まった大根にしみ込んだ
貝の濃厚な旨みで味わい深く

## 大根と干し貝柱の煮もの

作りおき　冷蔵庫で3日

**材料（4人分）**

大根……12cm（皮をむいて400g）
しいたけ……4個
絹さや……8枚

**煮汁**

干し貝柱……100g
水……1ℓ
昆布（10×10cm角）……1枚
酒……大さじ2

**作り方**

1 ボウルに煮汁の材料を合わせ、30分おく。

▶▶▶干し貝柱はお手頃な価格の欠けたものでも充分です。

2 大根は3cm厚さの輪切りにして面取りし、⅓程度の深さまで十字に切り目を入れる。裏返し、表側と重ならないように角度を45度変えて十字の切り目を入れる。

3 鍋に2を入れ、たっぷりの水を入れて火にかけ、沸いたら3分ゆでて、水気をきる。

4 しいたけは軸を取り、熱湯にくぐらせ、水気をきる。絹さやは筋を取って同じ湯でゆで、水気をきる。

5 鍋に1と3を入れて火にかけ、沸いたら弱火にして、火が通るまで1時間ほどじっくりゆでる（味が薄いようなら、薄口醤油を適宜入れる）。

6 煮上がる5分前に4のしいたけを加え、仕上げに絹さやを加えて温める。

寒い季節は、湯気がごちそう。
食材から出る旨みを生かした鍋もので心も体も温まります。

ふっくら太ったかきをたっぷりの大根おろしでさっぱりと

# かきのみぞれ鍋

**材料（2人分）**

かき（むき身）……12個（200g）
大根おろし（軽く水気を絞って）
……250g
長ねぎ……1本
水……1ℓ
昆布（10×10cm角）……1枚
塩……適量

**たれ**

酢……50mℓ
醤油……50mℓ
すりおろしりんご……80g

わけぎ……1本

**作り方**

**1** たれを作る。酢は小鍋でひと煮立ちさせてから粗熱を取り、醤油、りんごと合わせる。わけぎを小口切りにし、たれと混ぜ合わせる。

**2** 長ねぎはみじん切りにする。

**3** かきは塩でもみ洗いし、熱湯にさっとくぐらせてすぐに冷水にとる。軽くもみ洗いして汚れを落とし、水気を拭き取る。

**4** 鍋に分量の水と昆布、大根おろし、**3**を入れて火にかける。湯気が出てきたら**2**を入れる。**1**に浸けて食べる。

▶▶▶大根おろしはおろしてから30分以上経つと臭みが出てきます。この場合は、軽く水洗いしてざるに上げて水気をきりましょう。

贅沢に皆で囲みたい魚介と野菜の具だくさん鍋

# 寄せ鍋

**材料（2人分）**

金目鯛（30gの切り身）……6切れ
はまぐり（殻つき、砂抜きしたもの）……4個
海老……4尾
白菜……1枚
しいたけ……2個
長ねぎ……1本
春菊……4株
豆腐……$\frac{1}{2}$丁
しらたき……$\frac{1}{2}$袋（150g）
塩……適量

**煮汁**

水……1ℓ
薄口醤油……70mℓ
みりん……35mℓ
昆布（10×10cm角）……1枚

**作り方**

**1** 金目鯛は両面に塩をふり、30分おく。熱湯に入れて表面がうっすら白くなったら冷水にとり、汚れを落とし、水気を拭き取る。

**2** はまぐりは水の中で殻ごとこすり洗いし、水に3分ほど浸し、ざるに上げる。海老は竹串で背わたを取る。

**3** 白菜は5cm四方に切り、しいたけは軸を取る。長ねぎは5cm長さに切り、表面に斜めに4〜5本の切り目を入れる。春菊は食べやすい大きさに切る。豆腐は4等分に切る。しらたきは15cm長さに切って水適量（分量外）から火にかけ、沸騰したらさらに2分ゆでてざるに上げる。

**4** 鍋に煮汁の材料を入れ、**1**、**2**のはまぐり、**3**のしいたけ、春菊、豆腐を入れて火にかけ、ひと煮立ちさせる。さらに残りの具材を入れ、火が通ったら食べる。

▶▶▶はまぐりや金目鯛、海老などの魚介は火が入りすぎるとおいしくないので、できるだけ煮えたらすぐに（煮えばなで）食べましょう。

**3** ポン酢醤油の酢を電子レンジに30秒かけ、冷ます。ポン酢の他の材料を合わせる。

▶▶▶ここではみかんの搾り汁を使いましたが、ゆずやかぼすなどの柑橘で作ると、また風味が変わります。夏ならはっさくや夏みかんなどで作っても。季節ごとの柑橘でポン酢醤油が作れますよ。

**4** 鍋に分量の水と昆布、**1**、**2**を入れて火にかけ、ひと煮立ちして火が通ったらポン酢醤油につけて食べる。

▶▶▶お好みで七味唐辛子や柚子こしょうなどを加えてもおいしく味わえます。

冬の鍋ものの定番、
ポン酢醤油でいただくヘルシー鍋

# たらちり鍋

**作り方**

**1** たらは両面に塩をふり、20分おく。熱湯に入れ、表面がうっすら白くなったら冷水にとり、汚れを落とし、水気を拭き取る。

**2** 長ねぎは5cm長さに切り、表面に斜めに4〜5本の切り目を入れる。豆腐は8等分に切り、春菊はさっと湯通しをする。

**材料（2人分）**

たら（40gの切り身）…… 6切れ
長ねぎ …… 2本
豆腐 …… 1丁
春菊 …… 4本
水 …… 1ℓ
昆布（10×10cm角）…… 1枚

**簡単ポン酢醤油**

醤油 …… 60mℓ
酢 …… 40mℓ
みかんの搾り汁 …… 40mℓ
ごま油 …… 10mℓ

塩 …… 適量

いわしの旨みと白菜の旨みが渾然となった汁は
それだけでしみじみおいしい

# 白菜つみれ鍋

**材料（2人分）**

いわしのつみれ
- いわし（三枚におろしたもの）……2尾分（200g）
- 塩……適量
- Ⓐ 小麦粉……10g
- Ⓐ 味噌……20g
- Ⓐ 長ねぎ（みじん切り）……½本分

- 白菜……200g
- 水……1ℓ
- 昆布（10×10cm角）……1枚
- 薄口醤油……20mℓ
- 酒……大さじ1

**作り方**

**1** いわしのつみれを作る。いわしは両面に塩をふり、15分おく。水洗いして水気を拭き取り、包丁で粗めに叩き、Ⓐをのせてさらに包丁で叩いて混ぜ合わせる。

**2** 白菜はざく切りにする。

**3** 鍋に分量の水、昆布、2を入れて火にかけ、柔らかくなるまで煮る。白菜をフードプロセッサーにかけ、ペースト状にする。

**4** 鍋に3を戻し入れ、火にかけて沸いたら弱火にする。薄口醤油と酒で味をととのえる。

▶▶▶旨み豊かなので、多めに作って、味つけ前の状態を小分けにして冷凍しておけば、みそ汁やスープのだし汁、煮ものの煮汁にもなります。

**5** 1をスプーンで丸くとって4に入れる。火が通って浮き上がってから2分ほど煮る。

▶▶▶食べるときに、お好みで七味唐辛子、こしょう、柚子こしょうなどでアクセントをつけてもおいしく味わえます。

寒い時季に食べたい、ちょっと濃厚な味わいのご飯もの。アレンジ料理もご紹介。

ホクホクした赤い豆としょうがの香りでいただく
ほんのり醤油風味のご飯

# 金時豆の炊き込みご飯

**材料（作りやすい分量）**

米 …… 2合（360㎖）
金時豆（乾物）…… 40g
油揚げ …… 1枚
昆布（だし汁を取ったあとのもの）
…… 30g
しょうが（せん切り）…… 2片分

**炊き地**

水 …… 300㎖
薄口醤油 …… 30㎖
酒 …… 30㎖

**作り方**

**1** 金時豆はたっぷりの水（分量外）に一晩浸けておく。

**2** 1の水をきって鍋に入れ、豆の倍量の水を入れて火にかける。沸騰したら水を捨て、豆の6倍量の水を入れる。コトコトと煮立つ火加減で1時間以上煮て柔らかくし、ざるに上げる。

**3** 米は洗い、水適量（分量外）に15分浸け、ざるに上げて15分おく。

**4** 油揚げは熱湯に浸して油抜きし、水気を絞ってフードプロセッサーで細かくする（刻んでもよい）。昆布は細かく刻む。

**5** 炊飯器の内釜に3、炊き地の材料、4を入れて軽く混ぜ、早炊きモードで炊く。蒸気が上がってきたら、2としょうがをのせて炊き上げる。さっくりと混ぜる。

▶▶▶金時豆というと、甘くて敬遠するかたもいらっしゃいますが、これは甘くないから、苦手なかたにも喜ばれることでしょう。豆の香りよく、油揚げでコクもついて、とても味わい深いです。

れんこんのなめらかなとろみであんにした
豆腐たっぷりヘルシー丼

## れんこん豆腐丼

**材料（2人分）**

ご飯（温かいもの）
…… 丼2杯分
れんこん …… 100g
しいたけ …… 2個
長ねぎ …… 1本
木綿豆腐 …… 150g
卵 …… 1個

**つゆ**

豆乳（成分無調整）
…… 100mℓ
薄口醤油 …… 小さじ2
塩 …… 少量

**作り方**

1. れんこんはすりおろす。しいたけは軸を取り、5㎜幅に切り、さっと湯通しする。長ねぎは粗みじんに切る。
2. 鍋に1とつゆの材料を入れて混ぜ合わせ、火にかけ、木べらで練る。
3. 2に火が通ってとろみが出てきたら豆腐を手でくずし入れる。豆腐が温まったら、卵を溶いて流し入れ、ふたをして半熟状にする。
4. 丼にご飯を盛り、3をかける。

すし飯のかわりにそばを詰めた
さっぱりいただける稲荷ずし風

## そば稲荷

**材料（2人分）**

そば（乾麺）…… 80g
A
酢 …… 大さじ1
砂糖 …… 小さじ1強
塩 …… ひとつまみ

油揚げ …… 2枚
米のとぎ汁 …… 300mℓ

**煮汁**

水 …… 100mℓ
醤油 …… 大さじ½
薄口醤油 …… 小さじ1強
みりん …… 小さじ1
黒糖 …… 10g

わけぎ（小口切り）…… 2本分
紅しょうが …… 15g

**作り方**

1. 鍋に油揚げと米のとぎ汁を入れ、落としぶたをして火にかけ、沸いてから3分ほどゆでる。水にとり、もみ洗いし、水気を絞る。
2. 鍋に1と煮汁の材料を入れて落としぶたをし、煮汁がほとんどなくなるまで煮る。火を止め、そのまま冷ます。
3. そばはたっぷりの湯でゆで、ゆで上がったら冷水にとり、水気をきる。ボウルに入れ、Aをからませる。4等分する。
4. 2の油揚げを半分に切り、袋状に開く。半分折り返し、3を詰める。わけぎと紅しょうがをのせる。

じゃこのカリッとした食感でリズムが出る
満足感たっぷりのご飯もの

# じゃこかき揚げ丼

**材料（2人分）**

ご飯（温かいもの）……丼2杯分
ちりめんじゃこ……30g
じゃがいも……50g
にんじん……20g
長ねぎ……20g
小麦粉……大さじ1
揚げ油……適量

**天ぷら衣**

水……100mℓ
卵……1個
小麦粉……70g

**丼つゆ**

酒……大さじ2
醤油……大さじ1½
みりん……大さじ1
砂糖……大さじ1

**作り方**

**1** じゃがいもとにんじんは3cm長さの細切りに、長ねぎは斜め切りにする。これらをボウルに入れて合わせ、小麦粉を全体にまぶす。

**2** 別のボウルに天ぷら衣の材料を入れて混ぜ合わせる。**1**のボウルにちりめんじゃこと天ぷら衣を加えて混ぜ、1個分ずつになるよう2等分にする。

**3** 直径が20cmほどの鍋に揚げ油を深さ3cmまで入れ、180℃に熱する。

**4** **2**の1個分の半量を箸でバラバラにほぐすように散らしながら油に入れ、鍋に広がったら、残り半量を上からのせるように流し入れる。

**5** 火力を強め、周りがカリッと固まってきたら中火にし、ひっくり返す。これを2～3回くり返し、油をきる。

**6** 残り1個分も**4**～**5**と同様に揚げる。

**7** 鍋に丼つゆの材料を入れて沸かし、かき揚げを浸す。器にご飯を盛り、かき揚げをのせ、ご飯につゆを少しかける。

# 冬の健康を保つ食事

幕内秀夫（フーズ＆ヘルス研究所代表）

## 冬の食材と食事の関係

冬は厳しい寒さのために作物が育ちにくい季節です。正月から春先にかけては「霜《しも》枯《が》れどき」と呼ばれ、霜によって草木が枯れる様子を表していますが、そのために野菜が不足する季節でもあります。

しかし、冬に旬を迎える野菜もあります。大根やごぼう、れんこんなどの根菜類です。根菜類は生で食べるというよりも、煮ものなどで温めて食べたほうがおいしい野菜です。温めた野菜は、身体も温めてくれるので寒い冬にはぴったりの料理といえます。また、冬野菜は夏野菜に比べて水分量が少なく、身体を冷やす原因になる体内の水分量も調整してくれます。現在では、一年を通してトマトやきゅうりなどの夏野菜は手に入りますが、旬の野菜を食べるのは、その季節に必要な栄養素を摂取できるのはもちろん、体内のバランスを調整してくれる意味もあります。

また、金目鯛やたらなどの冬の魚は冷たい海流を泳ぐので、脂がのっておいしくなる魚です。季節の野菜と魚を使って温かい鍋ものを楽しむのは日本ならではの冬の食事といえるでしょう。

## 冬の食文化の知恵と工夫

冬の野菜不足を解消するためには、秋に収穫した豊富な食材を食べつなぐ必要があります。米を乾燥させて乾物にしたり、大豆を味噌にして保存したり、野菜を漬けものにするなど、まさに秋の食文化の保存の知恵が生かされる季節が冬なのです。また、冬野菜の大根を乾燥させて切り干し大根にしたり、たくあんや豆腐を凍らせて作る高野豆腐にしておくといった保存の知恵も、食材が少ない冬には大活躍してくれます。

さらに気温が低く、乾燥している冬は、ほかの季節に比べて食物が腐りにくい季節ですので、日持ちのする常備菜などを作りおきしておいて、毎日の食事に加えることもできます。

温かいご飯と大根の味噌汁、そこに乾物を生かした常備菜や漬けものを加えれば冬でも栄養価の高い食事ができます。

こうした秋に生まれた知恵と冬に生まれた知恵を上手に生かしながら、冬に食べるための食材を確保し、身体に必要な栄養素を補給することが、冬を乗り切るために考えられた冬の食文化といえるでしょう。

# 「作りおきできる料理」主材料別さくいん

## STAFF


撮影・写真　小林キユウ

写真　髙橋栄一、南雲保夫、三木麻奈、湯淺哲夫

デザイン　河内沙耶花（mogmog Inc.）

スタイリング　岡田万喜代
（p.12～13、21、73、93、95、115、119、161、181、185、187）
本郷由紀子（上記以外）

編集協力　西條盛雄（p.70、112、158、205）

校正　株式会社円水社

編集　原田敬子


「分とく山」の永久保存レシピ
# 野﨑洋光 春夏秋冬の献立帳


発行日　2017年11月15日　初版第1刷発行

著者　野﨑洋光
幕内秀夫

発行者　井澤豊一郎

発行　株式会社世界文化社
〒102－8187
東京都千代田区九段北4－2－29
電話　03－3262－5118（編集部）
03－3262－5115（販売部）

印刷・製本　凸版印刷株式会社

DTP製作　株式会社明昌堂




ISBN 978-4-418-17335-8





※本書は、『日本の食卓 秋』『日本の食卓 冬』『日本の食卓 春』『日本の食卓 夏』（以上、アスペクト刊）の内容をベースに加筆・修正し、新規撮影・取材、『「分とく山」の切り身で魚料理』『野﨑洋光が教える「分とく山」のご飯料理』（以上、世界文化社刊）の内容の一部を加えて再編集したものです。掲載されている情報は、2017年10月15日現在のものです。



### 野﨑洋光《のざきひろみつ》

東京・南麻布の日本料理店「分とく山」総料理長。１９５３年、福島県古殿町生まれ。武蔵野栄養専門学校を卒業した、栄養士でもある。従来の考え方にとらわれない料理哲学と調理方法を、やわらかな語り口で、わかりやすく説く料理人として人気。時代に即した考え方やレシピで、テレビや雑誌でも活躍。常に家庭料理の大切さ、家庭でしか作れないおいしさを唱えている。

### 幕内秀夫《まくうちひでお》

１９５３年、茨城県生まれ。東京農業大学農学部卒業。専門学校の講師を務めるが、山梨県の長寿村棡原と出会い、欧米模倣の栄養教育に疑問を持ち退職。以後、伝統食と健康の研究を行う。帯津三敬病院、松柏堂医院などの医療機関で約30年間、食事相談を行う。現在、フーズ＆ヘルス研究所代表。学校給食と子どもの健康を考える会代表。企業の社員食堂や保育園、幼稚園の給食改善のアドバイスなどを行う。『粗食のすすめ』（新潮文庫）など、著書多数。　フーズ＆ヘルス研究所 http://fandh2.wixsite.com/fandh/blank-cs1v